75歳を越えても安全運転できる運転脳を鍛える本

自動車運転外来専門医 朴 啓彰

いきなりですが、クイズです。

クイズⒶ

交通死亡事故を起こしている75歳以上の高齢ドライバーのうち、最も数が多いのはどれでしょうか。

①認知症の人

②軽度認知機能障害の人

③それ以外の人

もうひとつクイズです。

クイズⒷ

2022年5月に道路交通法が改正され、75歳以上の高齢者に免許更新の際に運転技能検査が課せられるようになりましたが、その理由はなんでしょうか。

①運転技能の低下が原因で交通事故を起こす高齢者が増えてきたため

②検査料を多く徴収して交通安全運動に活用するため

③検査を増やすことで免許更新の過程を複雑にして免許返納を促すため

クイズⒶの答えは③です。

一見すると、①を選びたくなるのではないでしょうか。

認知症ドライバーが大きな事故を起こしたというニュースをご覧になったことはあるでしょう。

普通に考えても、事故のきっかけになる判断ミスや操作ミスを起こしてしまいそうですからね。

その一方で、②を選んだ人もけっこういると思います。

75歳以上の高齢ドライバーが免許を更新する際に、認知機能検査が義務づけられているのはご存じのとおりです。

だから、検査はパスして免許は更新されたものの、じつは認知症の一歩手前の状態にあって、危なっかしい運転をしている人が事故を起こしているのでは。

そう考える人も少なくないでしょう。

しかし、じつは**認知症ではない人が頻繁に事故を起こしている**のです。どうでしょう。驚かれましたか。でもそれが、現実です。そして、認知症でないにもかかわらず、事故を起こしている高齢ドライバーの共通点もわかっています。

その共通点については、本編でしっかりお伝えしていきます。これは逆から見ると、事故を起こしていない人の共通点も明らかになるということです。

クイズⒷはどうでしょうか。

クイズⒷの答えは①です。

国や警察は理由を明言していませんが、状況的に「これしかない」という答えがあります。それは①です。

かつては、逆走等の悲惨な事故を起こす高齢ドライバーの多くは認知症と考えられており、２００９年6月から75歳以上の高齢者が免許を更新する際に認知機能検査が必要になりました。

この認知機能検査をはじめたことで認知症ドライバーは減り、認知症ドライバーが起こす事故も減りました。

しかし、高齢ドライバーによる全体の事故は大きく減りませんでした。

つまり、高齢ドライバーが起こしている近年の事故に、認知機能の低下はほとんど関係していないということ。

その事実に、国や警察が気づいて運転技能検査を導入したと考えられるのです。

これにより、たとえ認知機能が低下していなくても、実際に自動車を運転する技術に衰えが見られたら、免許の更新が認められなくなりました。

最後のクイズです。

私が開発した「運転脳体操」を続けることにより、どのような効果が期待できるでしょうか。

①交通事故の防止

②認知症の予防

③生活の質の向上

答えは①②③すべてです。

安全運転をテーマにした高齢ドライバー向けの本なのだから、答えは当然①だろう。おそらく、そう思われたことでしょう。

合っています。正解です。

運転脳体操は、運転に必要な体の機能をつかさどる運転脳を鍛えてくれるので、交通事故の防止に役立ちます。

私がこの体操を開発したのは、まさにそれが目的でした。ですので、①が不正解になることは絶対にありません。

しかし、じつは正解は①だけではないのです。

②も③も該当するのです。

高齢ドライバーの安全運転を促進するために開発した運転脳体操は、さまざまな〝副産物〟をもたらしてくれました。

その代表的な例が、②と③になります。

これは本当です。


運転脳体操を続けると、認知機能の衰えを抑制してくれます。それにともない、元気でいきいきとした毎日を送れるようになり、生活の質も向上します。

とにかく、効果は抜群です。おのずと笑顔も増えることでしょう。


いったいなぜ、そんなことが実現できるのか。

その答えは、この本を読んでいくことによってわかります。

まずは「運転脳体操」というキーワードと、これがとても価値のあるものであることを頭に入れておいてください。

運転脳体操で安全運転をその手に！

運転技術の衰えは、脳の衰えと密接に関係しています。そして、脳の衰えは加齢や生活習慣の乱れなどの影響を大きく受けます。体の衰えも無関係ではありませんが、何より大切なのは脳です。

安全運転を続けることも、事故を起こさないことも、すべて脳が正常に機能していればこそ、実現できるものなのです。

私は、運転をする際に必要となる脳の機能をわかりやすくとらえるために、「運転脳」という名前を付けて概念化しました。認知症でなくとも運転脳が衰えると、安全運転ができなくなります。すなわち、交通事故を起こしやすくなります。

でも、希望を持ってください。運転脳を鍛える方法を私は知っています。

機能を改善させたり、これ以上落ちないように現状を維持したりするための〝秘策〟

があるのです。

私は、日本国内に初めて開設された自動車運転外来を受け持つ認知症専門医で、脳ドックの専門家でもあります。これまで、4万人以上の脳ドック診療では、たんに脳画像を見ただけでなく、一人ひとり丁寧に聞き取り調査をしながら脳の健康を診断してきました。交通事故を起こしやすい脳の特徴、それも高齢者に多い傾向をしっかりと把握しています。だからこそ、どう対処するのがベストなのかを知っています。

その方法をこの本で紹介しています。それが、「運転脳ケア」とこの本を制作するのを機に新たに開発した「運転脳体操」を中心とする、オリジナルの運転脳強化メソッドです。**日々実践すれば、長く安全運転を続けられる可能性を高めてくれます。**

また、運転脳強化メソッド以外にも、日常生活において意識すべきこと、注意したいこと、やっていただきたいことなども、たくさん取り上げています。

少しでも興味のある人は、ページをめくって「本書利用法診断チャート」に取り組んでみてください。

本書利用法診断チャート

下のチャートにある質問に「はい」「いいえ」で答えながら、矢印の方向に進んでいってください。たどり着いた答えが、私がみなさんに提案したいことです。

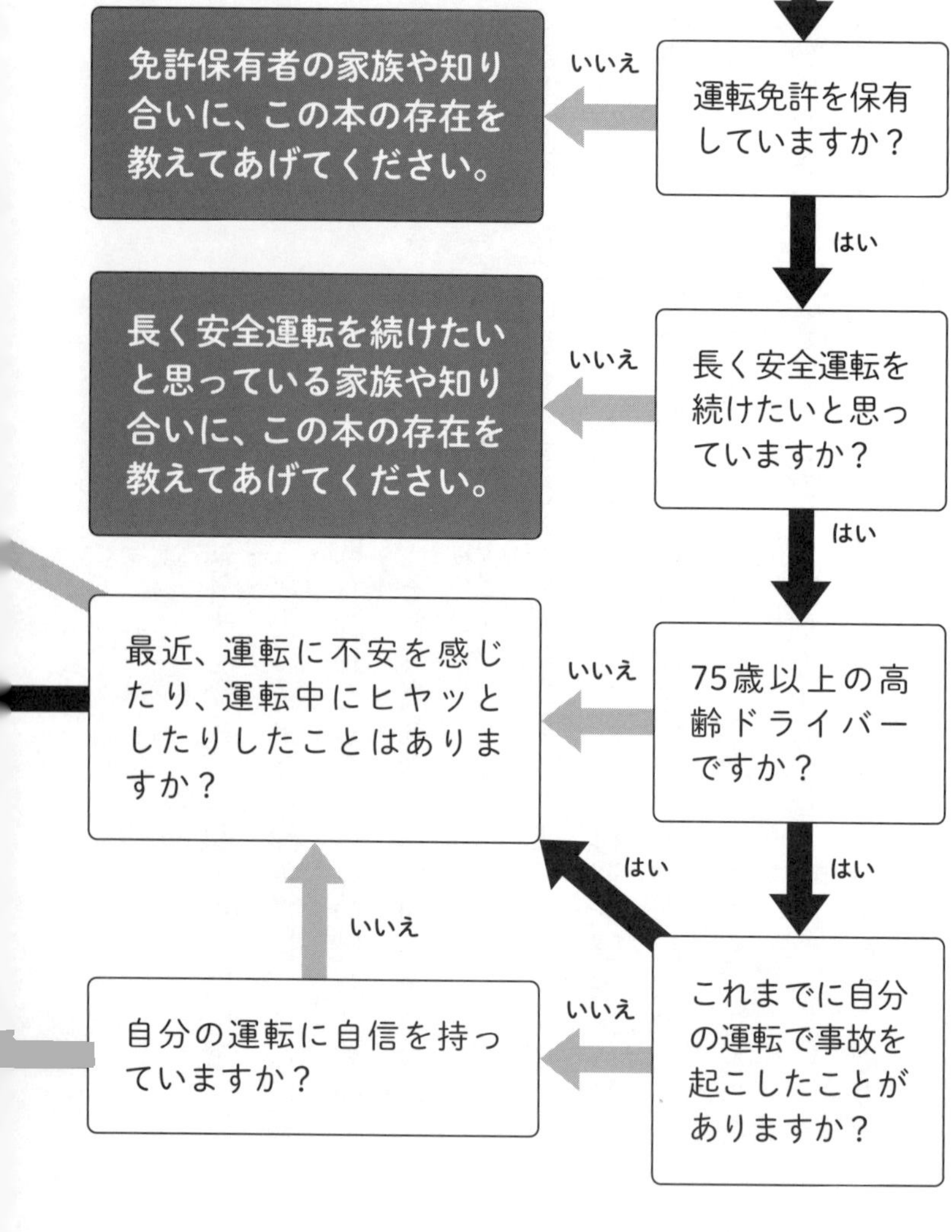

スタート
運転免許を保有していますか？
いいえ
免許保有者の家族や知り合いに、この本の存在を教えてあげてください。
はい
長く安全運転を続けたいと思っていますか？
いいえ
長く安全運転を続けたいと思っている家族や知り合いに、この本の存在を教えてあげてください。
はい
75歳以上の高齢ドライバーですか？
いいえ
最近、運転に不安を感じたり、運転中にヒヤッとしたりしたことはありますか？
はい
これまでに自分の運転で事故を起こしたことがありますか？
はい
いいえ
自分の運転に自信を持っていますか？
いいえ

今は運転に不安や問題がなくても、何もしなければ運転脳は衰えていきます。最後までこの本に目を通し、将来に備えて【運転脳ケア】や【運転脳体操】を実践しましょう。

いいえ

家族など周りの人から運転を不安視する指摘を受けたことがありますか？

いいえ

はい

運転脳の衰えがけっこう進んでいるかもしれません。すぐに最後までこの本に目を通し、【運転脳ケア】や【運転脳体操】を実践してください。

はい

75歳を越えていれば、この先急激に運転脳の衰えが進む可能性があります。決して慢心せず、最後までこの本に目を通し、【運転脳ケア】や【運転脳体操】を実践してください。

はい

序章
高齢ドライバーに知っておいてほしいこと

第1章

安全運転をする高齢ドライバーがやっていること

第2章 「運転脳ケア」で脳と体の老化を止める

第5章

運転脳がいつまでも元気でいるための習慣

第6章

免許更新前に頭に入れておきたいこと

第7章

解いて準備万端！ 認知機能検査模擬テスト

序章

高齢ドライバーに知っておいてほしいこと

若者と高齢者、どちらの運転が危険⁉

みなさんにお尋ねします。

75歳以上の高齢ドライバーと、20歳未満の若年ドライバー。より頻繁に死亡事故を起こしているのはどちらでしょうか。


日本で自動車免許を取得できるのは18歳以上。20歳未満となればほとんどが初心者なので、若年ドライバーの運転技術は総じて未熟です。

一方の高齢ドライバーは、経験豊富ではあるものの、加齢による脳や体の衰えが安全運転を阻害する不安材料としてどうしても付きまといます。

なかなか、判断に悩む質問かもしれません。

しかし、最終的にみなさんはこのように考えるのではないでしょうか。

若年ドライバーの運転技術は拙くても、即座に反応して運転できたり、若葉マークに守られていたりするから、意外に死亡事故は少ないのではないか。

それに対し、高齢ドライバーの運転は危なっかしいし、事故のニュースもよく耳にするので、より頻繁に死亡事故を起こしているのは、高齢ドライバーのほうなのでは。

そんな結論に至った人は多いと思います。

では、答えを発表しましょう。


じつは、「ほとんど変わらない」が正解なのです。


社会の高齢化が進み、75歳以上の免許保有者数は右肩上がりに増加しているので、それに比例して死亡事故の件数自体は若者よりも多く報告されています。

高齢ドライバーが事故を起こすたびに、ニュースで大々的に報じられます。

それは紛れもない事実です。

しかし、免許保有者10万人当たりの死亡事故件数に大きな差はありません。**若年ド**

ライバーも高齢ドライバーも、同じくらいの頻度で死亡事故を起こしているのです。死亡事故に限定せず、軽微なものも含めた事故全体で見ると、20歳未満のほうが圧倒的に多いこともわかっています。

これが現状なのにもかかわらず、マスコミが取り上げるのは高齢ドライバーが起こす事故ばかり。

そんな今のマスコミの姿勢には、正直、首を傾げざるを得ません。明らかに、世間の誤解を招いています。

だからといって、私が高齢ドライバーを100パーセント擁護したいのかといえば、決してそういうわけではありません。事故が増えていることは事実です。その点はおおいに問題視する必要があります。

高齢ドライバーだけが突出して事故を起こしているわけではない!

全年齢層における類型別死亡事故件数（平成30～令和4年合計）

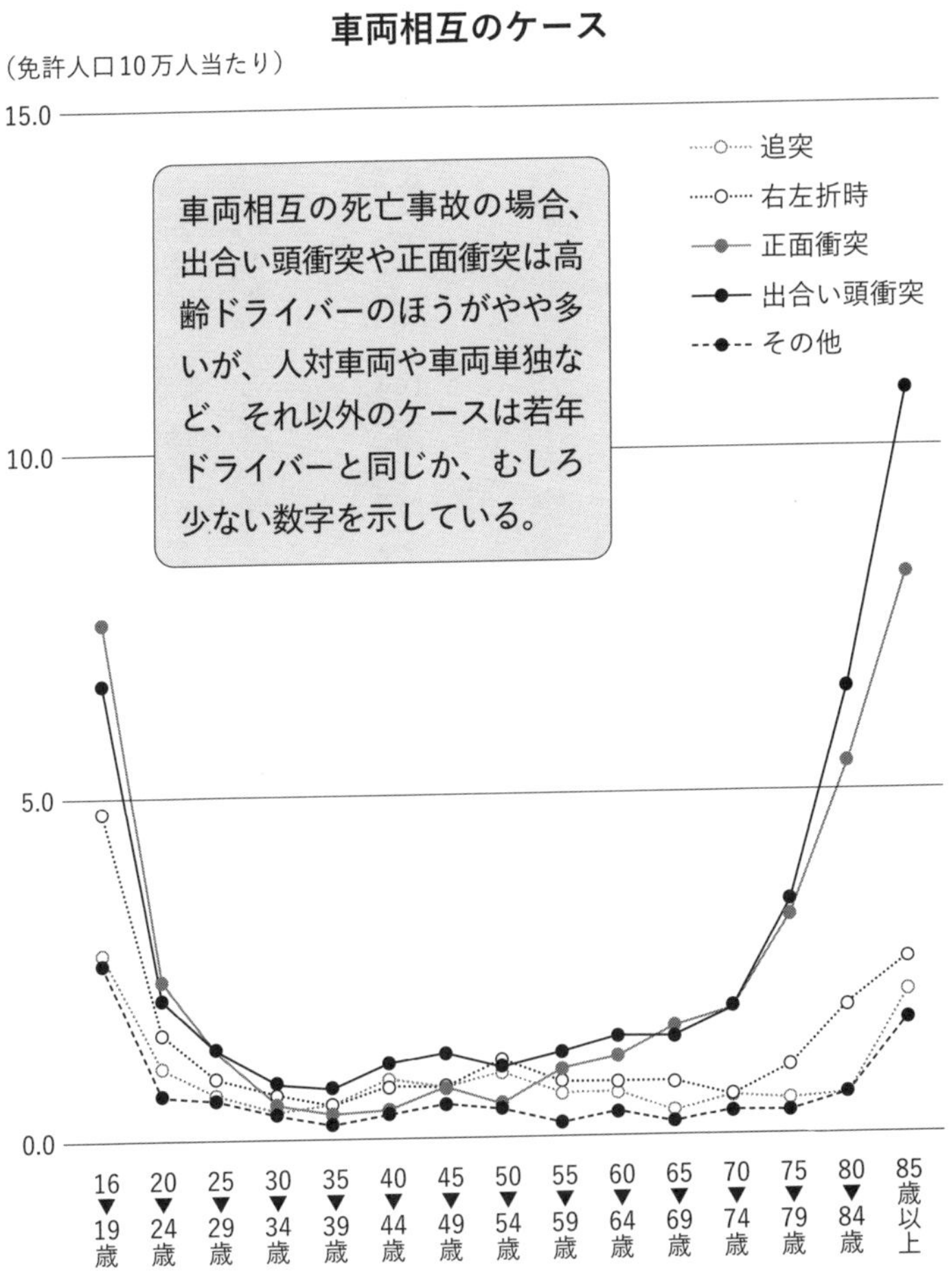

（図）免許人口10万人当たりの原付以上運転者（第一当事者）における年齢層別・類型別死亡事故件数（平成30～令和4年の5年合計）
「交通死亡事故の発生状況及び道路交通法違反取締り状況等について（警察庁、平成30～令和4年）」を基に作成

大切なのは、どんな人が、どんな原因によって、どのように事故を起こしているかを知り、改善策や解決策を検討していくことです。

事故を起こす高齢ドライバーがいる一方で、安全運転に徹し、事故とは無縁のカーライフを送っている高齢ドライバーも大勢いるのですから。

事故を起こす高齢ドライバーを取り巻く驚きの実態

では、どんな高齢ドライバーが実際に事故を起こしているのか。

答えは、この本の冒頭でお伝えしたとおり。認知症の人ではありません。

１９９８年に、満70歳以上の人に対して自動車運転免許を更新する際に高齢者講習が義務化。２００９年に道路交通法が改正され、満75歳以上の人を対象にした認知機能検査が加わりました。

そして、２０１７年の法改正により認知機能検査のチェック内容が記憶再生を中心に強化されました。

国や警察が認知症ドライバーは危険とみなし、免許の更新を厳しくしたことによって、認知症の人が事故を起こすケースは減ったのです。

認知症が進んでしまっていたら、免許更新時に待ち構えている認知機能検査をパスできず、事故を起こす以前にそもそも免許を保有できない（＝車を運転できない）ことになるからです。

また、認知症の人や、その予備軍ともいえる軽度認知障害（ＭＣＩ：Mild Cognitive Impairment）の人に対しては、家族など周囲の人が運転の危険性を感じ、免許の自主返納を促す傾向にあります。

そして提案や説得に応じ、実際に免許を返納する人も少なくありません。

そのためおのずと、認知症の人が交通事故を起こす割合は低くなるのです。欧米などでは、エリアを限定したうえで、軽度の認知症の人に運転を認めている国もありますが、日本にそのシステムは導入されていません。

そう、**今あちこちで事故を起こしているのは、認知症の人ではなく、ごく普通の（と認識されている）高齢者**なのです。

ニュースの記事や、アナウンサーの言葉に改めて意識を向けてみてください。

高齢ドライバーの事故が報じられる際、認知症という言葉が登場しないことに気づくと思います。

事故を起こした人の大半は、自分の運転技術に自信を持っている人たちです。

彼らはたいてい、事故後に「これまではまったく問題はなかった。自分の運転に危険を感じることもほとんどなかった」と口にします。

でも、**事故は起こる**のです。

いえ、**認知症ではない高齢者が事故を起こしてしまう**のです。

この本を手にされている人の大半は、ご自身が高齢ドライバーであるか、もしくはそのご家族の方のはず。この現実を知って、「他人事ではない」「明日は我が身」と感じたのではないでしょうか。

じつはこの世界は、みなさんが想像している以上に危険に満ちあふれているのです。

同乗者の有無と事故率との衝撃の関係

高齢ドライバーの事故が増えている理由――それは多岐にわたりますが、総じて脳の衰えと、それにともなう身体機能の低下が大きく関係しています。

そしてこの本の冒頭で述べたとおり、運転をする際に必要となる脳の機能に対して〝運転脳〟という名前を付けて概念化しました。

運転脳が衰えなければ、事故を起こす確率は下がります。実際に安全運転を続けている高齢ドライバーの運転脳は、正常に近い状態で機能しています。

しかし、何もしないでいると、気づかぬうちに運転脳は衰え、いつ事故を起こしても不思議ではない状態に陥ってしまいます。認知機能検査に合格したからといって、安心してはいけません。

道路交通法が改正され、2022年5月から、満75歳以上の高齢者が免許を更新する際は、認知機能検査に加え、「運転技能検査（実車試験）」が導入されました。

つまり、認知症でなくても、運転技能に問題があると判断された人たちは、免許の更新が認められなくなったということです。

無事に免許を更新するためには、そのうえで事故を起こさないためには、その対策、すなわち運転脳の働きを正常に保つことが求められます。そして、この本にはその方法＝運転脳の守り方と鍛え方が網羅されています。

その**主軸を担うのが、この本のメインコンセプトともいえる「運転脳ケア」と「運転脳体操」**です。

この本では、安全運転をするために必須の運転脳を守る「運転脳ケア」と運転脳を鍛える「運転脳体操」を紹介しています。

私は4万人以上の脳ドック診療を通じて、脳の健康を診断してきました。交通事故を起こしやすい脳の特徴、それも高齢者に多い傾向をしっかりと把握しています。

そして、どうすれば安全運転ができるのか。たどりついた結論が運転脳ケアと運転脳体操です。詳しいやり方は第2章と第4章をみてください。

自分でできる簡単な方法を紹介しています。この運転脳を強化するオリジナルのメソッドを毎日続ければ、きっと運転寿命を延ばすことができるでしょう。

くり返しになりますが、あなたの取り組み方ひとつで、運転寿命を延ばすことはできます。特別なことをする必要はありません。生活習慣や普段の行動に改めて目を向け、ちょっと変えたり、何かを付け足したり差し引いたりするだけで、運転脳の衰えは防げます。

もちろん、事故を起こすリスクも抑えられます。

例えば、**運転する際、同乗者がいるのといないのとでは、どちらが事故を起こしやすいと思いますか**。

これは、ドライバーの年齢層によって答えが変わってきます。

若年層の場合は、同乗者がいるほうが、事故を起こしやすいです。

おしゃべりに夢中になって注意力が散漫になったり、仲間にいい格好を見せようとして無茶な運転をしたり。そうやって、事故は起こります。

では、**高齢者はどうかというと、逆に同乗者がいたほうが事故を起こしにくい**ことが明らかになっています。

財団法人交通事故総合分析センターが調査を行い、**「同乗者なしの75歳以上の高齢ドライバーは、同乗者ありの75歳以上の高齢ドライバーに比べ、4倍事故を起こしやすい」**という結果を発表しているので、疑う余地がありません。

そうなる理由は、同乗者が運転に対して助言してくれたり、危なっかしいハンドル操作や判断の遅さを指摘してくれたり、曲がる場所を教えるなどの道案内をしてくれたりするからです。

「言われんでもわかっとるわ！」

そう反論したくなる気持ちはわかります。

おせっかいに感じることもあるでしょう。

でも、そのおせっかいが、高齢ドライバーを助けてくれるケースがたくさんあるのです。大げさではなく、同乗者の〝余計かもしれないひと言〟が、結果的に大勢の人の命を救っているのです。

奥さんや旦那さん、お子さんやお孫さん、ご友人などに助手席に座ってもらうだけで、事故を起こす確率を4分の1にすることができる——これは本当にすごいことではないでしょうか。

個々の事情やタイミングなどによって、ひとりで車に乗らざるを得ないシチュエーションはどうしても発生してしまうでしょうが、**可能であれば、自分以外の誰かに同乗してもらうように**してください。効果は抜群です。

高齢ドライバーはどこで事故を起こしているのか

このように、高齢ドライバーが起こす事故には必ず理由があります。事故を起こしやすい場所もわかっています。

このうち、高齢ドライバーが事故を起こしやすい場所はどこでしょうか。

①信号のない交差点

②信号が高い場所に設置されている交差点

③道幅の広い幹線道路

道幅の広い幹線道路は、見通しがよさそうで運転しやすい、すなわち事故を起こしにくいという印象を受けるかもしれません。

信号が高い場所に設置されている交差点も、信号を確認しやすいから運転ミスは少なくて済むと思われるのではないでしょうか。

そうやって消去法のような感じでアプローチしていくと、おそらくほとんどの人が①の信号のない交差点を選ぶはずです。信号がないという時点で、高齢ドライバーでなくても、事故を起こしやすそうですしね。

では、①が正解かというと、違います。

答えは、「①～③の全部」です。

意地悪な質問の仕方をして申し訳ありません。じつは、すべて高齢ドライバーが事故を起こしやすい場所なのです。

①は交差点に進入する際に、一時停止をして、慎重に左右を確認する必要がありますが、**高齢者は危険を判断し、回避する能力が衰える傾向にあります**。よって、進入するタイミングを誤って、交差道路を走る車と出合い頭に接触してしまうのです。

②は一見、信号を見やすそうなシチュエーションに感じるかもしれませんが、**高齢者にはまぶたがだんだん下に落ちてくる眼瞼《がんけん》下垂《かすい》という現象が起こりやすく、それが視野を狭める原因になります**。人によっては、緑内障による視野欠損が見られるケースもあります。いずれも、高い場所に設置された信号を見落としがちになるのです。

③はあまりにも道幅が広いと、**加齢により衰えた空間認知力のキャパシティをオーバーし、進むべき車線の方向を見誤るケースが散見されます**。とくに脇道から大通りに合流する際などに、反対側の車線に進んで逆走してしまうことがよくあるのです。

私は高齢ドライバーの事故を取り巻くこのような背景を受け、事故への影響度合いの大きいファクターを、おもに5つピックアップしました。

①危険の察知

②マルチタスク能力
③位置・空間認識
④感情コントロール
⑤視覚・聴覚機能

これらのファクターごとにチェックリストを用意し、運転に対する危険度がひと目でわかるようにしたので、ご自身（あるいはご家族）に当てはまる項目がないかどうかを、確認してみてください（詳細は第3章）。

そして、「運転脳ケア」は言うに及ばず、さらに運転脳を鍛えることを目的に開発した**「運転脳体操」を中心とするオリジナルの運転脳強化メソッド**を、みなさんに提案しています。**「運転脳体操」のほか、5つのファクター個別の強化法や対処法など、事故のリスクを抑えるためのとっておきの方法**を用意したので、ぜひ参考になさってください（詳細は第4章）。
みなさん、状況に応じて対策を講じていきましょう。

車の運転＝移動の自由は基本的人権である！

話が前後しますが、私がこの本を執筆するに至った背景を簡単にお伝えしておきます。出発点となったのは、2010年です。

認知症専門医であり脳ドック診断医の私は、この年に高知工科大学で地域交通医学研究室を主宰し、「脳と運転」の研究を始めました。その際に、高知県免許センターの走行コースを借りて実車実験を行ったことにより、高知県警交通部との面識が生まれました。

そのご縁もあって、国家公安委員会から、認知症のおそれのある高齢ドライバーの診断を頻繁に依頼されるようになりました。それが、2015年前後のことです。

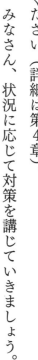

何人かの高齢ドライバーの診断をしていくうちに、私はある印象深い方（Tさん）に出会いました。

Tさんは、山を所有する地主さんで、軽トラックを運転して山の管理を毎日しており、免許がないと山に行けなくなるので非常に困るとのこと。

認知機能検査の成績が低く、厳密な基準に則れば免許の更新は難しい状況だった一方、自分には運転免許が必要であると、しっかり訴えることはできていました。

それもあって、認知機能検査や前頭葉機能検査の成績が悪いことに納得がいかない様子でした。

「自分は、県に代わって、国に代わって、日本の山を守っている！」

そんなTさんの主張は大げさであるものの、ある面では真っ当であり、なおかつ迫力のある物言いでした。その姿を見た私は「なんとかならないかな」と思い、認知リハビリを行うことを提案。そののちに、再検査するという判断を下したのです。

この出来事が、高齢者講習で認知症のおそれがあると国家公安委員会から判定された人に対して、理学療法士や作業療法士との協力体制を構築して認知リハビリテーションを課す、日本で初となる自動車運転外来を2017年に開設する発端になりました。

もちろん、**何度も事故をくり返している人、家族が見ておかしな行動をとっている軽度認知機能障害の人、すでに認知症になっている人に対しては、免許失効や自主返納をさせるのが適切**です。

しかし、高齢者講習の認知機能検査（主として見当識と記憶再生を調べる検査）の結果のみで免許返納を促すことは、慎重に判断すべきと考えます。なぜなら、危険運転ドライバーを判定することは、そう簡単ではないからです。

認知機能検査に合格はできなくても、実際に運転するのに支障のない高齢者や、私の指導によって衰えつつある運転脳を鍛え、安全運転を実現できている高齢者はたくさんいます。言わずもがな、個人差もあります。

認知症と診断されたら一刀両断に免許失効となる現在の日本の制度は、決して高齢者にとって優しいとはいえないのではないか。

私はTさんに会って、そう考えるようになりました。

私たちには、言論の自由と同様に、移動の自由があります。ヒトは自由に移動することによって進化してきました。

自由に移動することは、基本的人権の一丁目一番地です。車の運転（広く移動すること）は、人権であると認識すべきでしょう。

地方部では自家用車の代替交通手段が著しく欠如しており、通院や生活必需品の購入など、車を運転することはライフライン維持と同義になっています。

それゆえに、高齢ドライバーが運転し続けられるように、最大限の支援を社会が提供しなければならないでしょう。

そうして、リハビリの先生方と協働するかたちで、2017年10月、高知市内の地域中核医療機関である愛宕病院に、自動車運転外来が開設されました。

まるで奇跡のようなホントの話

私はもともと「運転は脳がつかさどる。だから脳を調べる」という方針のもと、脳ドックを通じて、**健常中高年者の頭部MRI画像を丹念に観察**していました。そして、**高齢者ほどMRI所見の個人差が大きい**ことに気づき、**その差が高齢者の危険運転行動につながっている**と考えました。

これを受け、私は脳変化による交通事故・危険運転起因説を提唱しています。

2004年から4年間は、高知大学医学部脳神経外科教室と脳ドックセンターを専門回線で繋ぎ、遠隔画像診断による1万件を超える脳ドックを行いました。

2008年からは、脳ドックセンターの専任として、年間3千件に及ぶ延べ4万件を超える脳ドック診察を、一人ひとりを丁寧に診て、口頭で説明する方法で続けています。

2010年からは、事故歴などの聞き取り調査も行い、MRIデータと照合しています。そして、そこで得られた知見を自動車運転外来に活用し、高齢ドライバーの安全運転実現を多角的にサポートしています。

その成果もあって、テレビや新聞に取り上げられるなど、社会的評価も得られるようになりました。

自動車運転外来を開設して以来、さまざまな高齢ドライバーが訪れています。話を聞き、診断を行い、治療やリハビリのプランを提案し、実践してもらってきました。

本人は運転に自信はあるものの、家族が不安になっている人。

事故を起こしたことはないが、運転中にヒヤッとする経験が増えてきた人。

認知症でなくても、
危険運転行動につながる要因はある！

年齢が同じでも脳変化の個人差は大きい。

↓

［脳変化による交通事故・危険運転起因説］

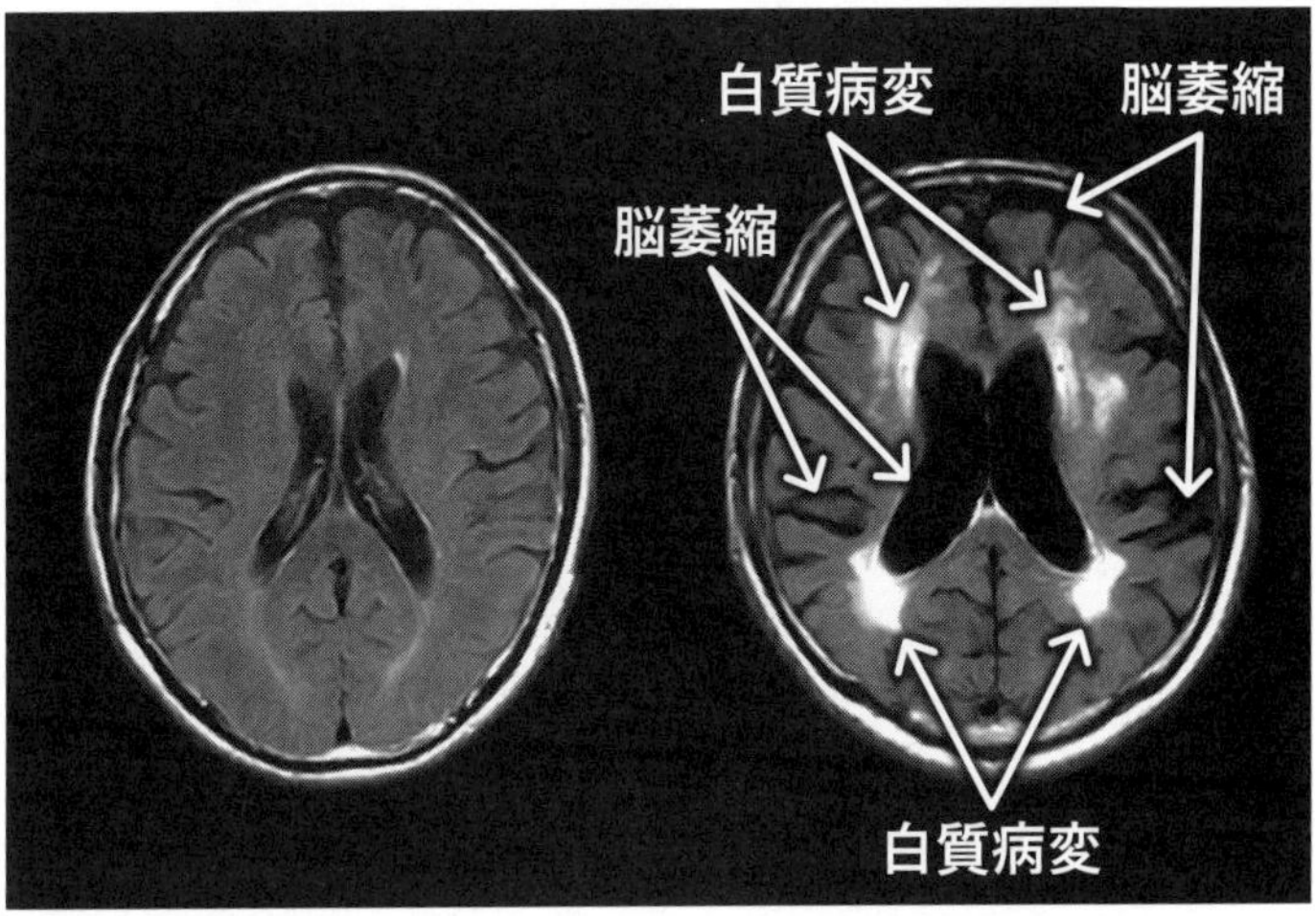

70歳の正常脳

70歳の加齢脳

（白質病変と脳萎縮が進んでいる）

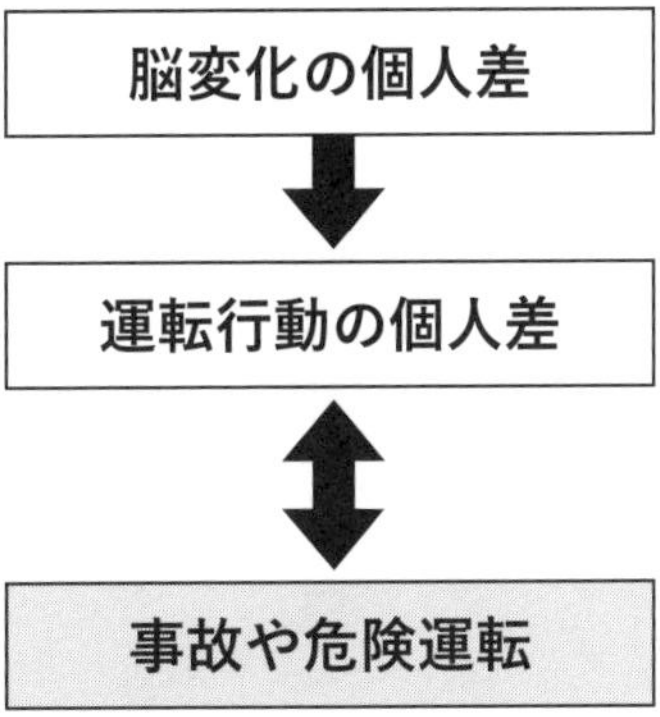

白質病変（MRI画像の高信号域）と脳萎縮（脳室・脳溝・硬膜下腔の拡大）が進むと、交通事故や危険運転を起こしやすいと考えられる。年齢が同じでも個人差が大きいのが特徴ゆえに、定期的な脳ドックの受診が推奨される。認知症でなくても油断はできない。

老いや衰えの自覚はありつつも、日々の生活に免許がないと困る人。
みなさんが抱える不安や悩みはさまざまながら、できるだけ長いあいだ免許を保有して、運転を続けたいという思いは共通しています。

これまで、自動車運転外来で私が診てきた高齢ドライバーは120人以上います。なかには当然、これ以上、運転を続けるのは難しいと診断せざるを得ない人もいます。

リハビリやドライビングシミュレーターによる仮想運転トレーニングによって、認知機能や身体機能を改善できた人が多いのは事実。取り組み方ひとつで、運転脳を鍛え、運転寿命を延ばすことは可能なのです。

だから私は、**みなさんに「運動脳ケア」と「運転脳体操」に取り組んでいただきたい**のです。

78歳のときに自動車運転外来を訪れた男性のOさんは、日ごろから日常的に運転を

自動車運転外来の世間的認知度も年々上昇！

19 科学・医療 13版 2019年(令和元年)10月25日(金曜日) 読売新聞

医の現場

高齢者の自動車運転外来

事故防止へ認知機能訓練

2019年(令和元年)10月25日の『読売新聞』朝刊にて自動車運転外来に関する記事が掲載され、目的、取り組みの内容、成果などが詳しく紹介された。そのほかにも、NHKや大手民放の報道・情報番組でも幅広く取り上げられている。

しており、事故歴はありませんでしたが、軽微な交通違反（信号のない交差点での一旦停止無視）のために警察で臨時認知機能検査を受け、認知症のおそれがあると判定されていました。

私は、血液検査、頭部MRI検査、認知機能検査、ドライビングシミュレーター検査など、さまざまな検査を行い、高血圧と白質病変をともなう軽度認知機能障害と診断しました。

「自分の運転に問題はない」などの運転能力を過信している発言が聞かれたため、本人ならびにご家族同意のもと、週に2回の認知リハビリを4週間、計8回行ってもらうと同時に降圧剤を投与しました。

すると、**高血圧治療・リハビリ加療後に認知機能検査の点数が上がり、記憶や遂行機能などにも改善が認められた**のです。もちろん高血圧治療のおかげで白質病変の増悪はありませんでした。

Oさんはその後もリハビリ加療とドライビングシミュレーターによる仮想運転ト

レーニングを継続しました。

81歳になるまでの3年間、認知機能の低下は確認されず、事故も違反もなく、車の運転を続けることができました（その後、本人の意思に基づき運転免許証を自主返納されました）。

信じられないような話かもしれませんが、これは紛れもない事実なのです。

車の運転を続けることが認知症予防にも生活の質の向上にもなる

「自分はいくつになっても絶対に事故は起こさない」

そんな自信過剰気味の高齢ドライバー（過信ドライバー）も少なくありませんが、その一方で多くの人が、一定の年齢を迎えると事故のリスクが気になりはじめるようになるでしょう。

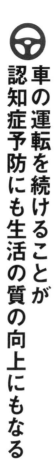

家族から「危ないから運転はやめて」と言われたり。
事故を起こした友人の話を聞いたり。
高齢ドライバーによる危険極まりない事故のニュースを見たり、聞いたり。

仮にこれまで事故を起こしたことがない人でも、「ヒヤッとした経験」は大なり小なりあるのではないでしょうか。

人が横断歩道を渡っているのに気づかなかった。
ブレーキとアクセルを踏み間違えるところだった。
夜になるとすごく運転がしにくいと思うようになった。
自宅の車庫にもかかわらず、車体をすってしまった。

思い返してみると、あの時の運転は危なかったな…

高齢ドライバーが「ヒヤッとした経験」

- ボーッとしていて横断歩道を渡っている人に気づかなかった
- 発進するときにギアをR（リバース）に入れたままだった
- 夜の運転で危険な状況を察知しづらくなった
- 慣れている自宅の車庫入れで車体をすって傷つけてしまった

どうでしょうか。これらはどれも、運転脳の衰えを知らせるシグナルです。すぐに〝次の一手〟を打つ必要があります。

運転脳は、そのままにしておくと、どんどん衰えていってしまいます。でも、効果的に鍛えていけば、今の状態を維持できるどころか、機能が高まることもあります。

やることがわかっているのなら、やるに越したことはない——高齢ドライバーが長く運転を続けるための最善策がこれであることは、論をまちません。

車は適切かつ安全に運転しないと「ヒトを殺傷する凶器」にもなり得ますが、現代社会においては、移動の自由を確保する最適にして最高のツールでもあります。

それを実現させるためには、身体能力のみならず認知能力も必要不可欠。

日本の道路法規では、**認知症は運転免許の欠落事由になるので、運転をし続けることは、イコール認知症ではないことの証明になります。**

これが「車の運転そのものが走る認知機能テスト」ともいわれるゆえんです。

事実、車の運転を続けると認知機能低下のリスクを37％下げるといった国立長寿医療研究センターの研究結果も発表されています。**これは裏を返すと、車の運転をやめたら、認知症が進む可能性もある**ということです。

超高齢社会になっても、健康で自分らしくいるためには、いつでもどこでも移動できる自由がなければなりません。

運転を続ければ、脳の健康維持につながり、移動の自由を保つことができます。ひいては人生そのものが、幸せで、充実感にあふれたものになっていくのです。

高齢者と呼ばれるようになっても、みなさんにはまだ可能性が残されています。安全運転を維持・向上できるように、これから詳しく紹介する「運転脳ケア」と「運転脳体操」に取り込みましょう。

第1章

安全運転をする高齢ドライバーがやっていること

安全運転ドライバーの理想像がわかった！

安全運転をしている高齢ドライバーは、どういう人たちだと思いますか。

A：認知症ではない人

これは冒頭から何度も説明してきたことなので、正解であることは誰もがわかるはず。しかし、私が用意している答えとは違います。これでは、当たり前すぎてクイズになりませんからね。

A：視力が落ちていない人

こちらもまったく同じです。合っていますが、クイズ以前の話といわざるを得ないでしょう。認知症の人も、著しく視力が低下している人も、そもそも免許の更新を許可されないので、安全運転をすることも、事故を起こすこともできません。

A：サポートカーに乗っている人

着眼点はグッド！　おそらく、通常の車に比べて事故率は大きく下がるでしょう。安全運転を文字どおり強力にサポートしてくれると思います。ただ、一般的にはまだまだ手を出すハードルが高く、じゅうぶんなデータも揃っていない状況なので、はっきりと正解ということはできません。

私は自動車運転外来を開設してからはもちろんのこと、それ以前も含め、数えきれないほどの高齢ドライバー、そしてそのご家族にお会いしてきました。

認知機能や身体機能のレベル、頭部MRIの所見、おかれている状況などはまさに千差万別にして十人十色。個人差がありすぎて、まったく同じというケースはひとつもありません。

しかし、ある種の共通点のようなものなら存在します。それは、事故を起こしやすい人にも安全運転をしている人にもいえることです。

私は経験則で、お会いした瞬間に「この人は危険だな」「この人は大丈夫そうだな」ということがだいたいわかるようになりました。

みなさんは当然、事故を起こしたくない、そして長く運転を続けたいと思ってこの本を読んでくださっているはずなので、「安全運転をしている高齢ドライバーは、どういう人たちなのか」について、真っ先に知りたいはずです。

いいかげん、もったいぶりすぎですね。**安全運転をしている高齢ドライバーはどういう人たちなのか**。答えをお伝えしましょう。

ものすごく大ざっぱに、ざっくりと特徴をまとめると、充実した日々を送ることができている人たちです。今流行の言葉を用いるのなら、ウェルビーイングな高齢者です。

すなわち、**健康的で、高血圧・糖尿病などの生活習慣病があってもきちんと治療し、**

家族や他人とのコミュニケーションがよくとれていて、大好きな趣味を持ち、なにごとにもポジティブで、アクティブに活動し、ストレスを抱えず、笑顔を絶やさない人――これが典型的なパターンであり、ひとつの理想像になります。

誤解しないでいただきたいのは、パーフェクトである必要はないということ。ある程度お年を召された人なら持病のひとつやふたつは抱えているものですし、体力的な問題や人間関係などもあり、行動できる範囲も限られてくるでしょう。

ストレスがゼロという人も、おそらくこの世には存在しないと思います。

安全運転を続けられている高齢ドライバーは、先に挙げた理想の条件をすべて完璧に満たしているのではなく、それに近い状態にある、あるいはその状態に向かっている人ということです。

詳しくは次章で述べますが、体を動かすこと、人とコミュニケーションをとること、幸福を感じることが、脳の老化を遅らせることはわかっています。

つまり、**健康でアクティブでフレンドリーでハッピーな人ほど、運転脳は衰えにくい**ということです。

まずはそれを頭に入れておいてください。

ここからは、細かい条件ごとに共通点に迫っていきます。

【家族構成】自分以外の誰かの言葉に建設的に耳を傾ける

「車のキーの置き場所、あなた昨日も聞いてきたわよ」

「お父さん、最近歩くペースが遅くなったよね」

奥さんやお子さんから、このようなことを言われたことはないでしょうか。

うるさい。うっとうしい。たまたま。気のせい。

そうやって、見て見ぬふりをしたり、聞き入れずに〝なかったこと〟にしたりしてはいないでしょうか。

それは絶対にやめてください。家族のそのひと言が、事故防止と安全運転促進に直結しているといっても言いすぎではないのですから。

たわいない（と感じる）家族からの指摘が、場合によっては大勢の命を救うきっかけのひとつになることがあります。

これは決して、大げさな話ではありません。**長く安全運転を続けるためには、周囲の人たちの支えが絶対に必要**になってくるのです。


あらかじめお断りしておくと、家族構成と事故率の関係性を分析したデータはありません。しかし、高齢ドライバーの同乗者効果について先に述べたとおりです。単身者よりも家族と同居されている人のほうが、明らかに事故を起こしにくい傾向にあると推察されます。

まず、普段からコミュニケーションをとることができますよね。奥さんや旦那さん、場合によってはお子さんやお孫さん。こういった**家族のみなさんと会話をすることで、脳は刺激を受けて活性化**されます。

また、前記のように**認知症や体の衰えの兆候が見られると、それに家族が気づいてくれる**点も大きいです。物忘れの頻度が上がっているとか、耳が遠くなりつつあるとか、歩くスピードが遅くなってきているとか、そういったことを家族から指摘されると、老いを自覚できます。

それを自分ごととしてしっかり受け止めれば、当然、危機意識を持ち、病院に行ったり、それまで以上に健康に気を配ったり、体を動かすようになったりするわけです。それが、運転脳を鍛えること、ひいては安全運転につながります。

そして、認知機能と身体機能の衰えが顕著になってきたら、それを家族から指摘されることで免許の自主返納を検討するようになるでしょう。それもまた、事故の抑止力になります。やはり、**日ごろから誰かと接していることは大事**なのです。

単身者、とくに配偶者に先立たれている人は、離れて暮らす家族や親戚、ご近所にお住まいの友人などに、できるだけ会うようにしましょう。

趣味や嗜好の合う新しい友人をつくるのもいいでしょう。

いわゆる〝茶飲み友達〟のようなお相手を見つけるのもおおいにあり。ひとりでいると、自分の体の変化にはなかなか気づけませんが、誰かと一緒なら、指摘してくれたり、ほのめかしてくれたりすることもありますからね。

「体のどこかに衰えがきても、もうおかしくない年」ということを自覚して、人の話を謙虚に聞き入れるようにしましょう。

【趣味・生きがい】好きなことを楽しみながら気配りの達人に

前項の家族構成の延長線上のような話になりますが、人とかかわり合いを持っていれば持っているほど、安全運転の実現につながると考えます。同居家族の有無にかかわらず、ひきこもりがちになっていると、運転脳は確実に衰えていくからです。

そこで私は、趣味を持つことをみなさんにおすすめしています。

次の4つを推奨度の高い順に並べ替えてみてください。どれが安全運転を如実にバックアップしてくれるのか、考えてみましょう。

①読書

②ゲートボール

③観劇

④囲碁・将棋

「いったい何が安全運転と関係があるのか」と思われるかもしれませんが、ちゃんとした理由があります。

運転脳を鍛え、安全運転をもたらすには、自宅でひとりでコツコツと取り組む系の趣味ではなく、集会所や公園などで、できるだけ自分以外の誰かと取り組む趣味がベターといえます。ある程度、勝ち負けや優劣をつけることが可能になるほうが運転脳を鍛えられるからです。

実際に、安全運転をしている高齢ドライバーの多くからは、運転脳に好影響を与える趣味を持ち、日々楽しんでいる話を聞かされますし、その様子も見受けられます。

もうおわかりになったでしょうか。

答えは、「②→④→③→①」です。

まず、「安全運転をもたらすには、集会所や公園などで、できるだけ自分以外の誰かと取り組む趣味がベター」といえる理由を説明しましょう。

何より、その趣味を行う場所に移動する必要があるので、おのずと体を動かすことになります。

場所が近ければ、車ではなく歩いて行くほうがいいです。ウォーキングは最も手軽で高い効果を得られる、健康維持のための最強のメソッドですからね。

そして、行う趣味の内容によって度合いは変わってきますが、必ず頭を使って何かしらのことを考えます。ボーッとしている暇はありません。

また、たいてい手や指を使います。ものによっては足や全身を動かします。さらに、一緒に取り組んでいる仲間に気配りをしたり、アドバイスをしたりするケースも出てくるはず。当然、会話が弾むこともあるでしょう。

いかがでしょうか。先ほど私は「体を動かすこと、人とコミュニケーションをとること、幸福を感じることが、脳の老化を遅らせる」ことをお伝えしました。

そうなのです。**仲間とともに行う趣味を持つと、これらのことをいっぺんにこなし、脳を刺激することができる**のです。

なかでも**とくに重視したいのは、相手への気配り**ですね。**安全運転に必要なのは、まさしく譲り合いの精神**。相手の気持ちを考えて運転しないと、それが即事故につながります。

②のゲートボールは、体を使い、頭も使い、相手のことをつねに考える必要があります。

④の囲碁・将棋は、体を動かすのは対戦する場所に移動する程度ですが、対局中は頭をフル回転させますし、相手が講じてくる作戦を読まなければ勝利はままなりません。

③の観劇は、頭を使ったり、相手のことを考えたり、という点において②と④ほどウエイトを置く必要はありませんが、劇場などの公演会場に移動する際に体を動かします。

①の読書は、基本的に自宅でひとりで行うもの。体を動かすことも、自分以外の誰

かが関係することもありません。

だから、このような順番になるのです。もちろん私は、読書を否定する意図はこれっぽっちもなく、あくまで運転脳を鍛える＝安全運転に寄与するという観点で、順位付けを行ったに過ぎません。そこだけは、誤解なきようお願いいたします。

たかが趣味、されど趣味。

目に見えた劇的な効果はなくても、このように、着実に、そして総合的に、日々の趣味への取り組みが運転脳に働きかけてくれるのです。少なくとも、やってマイナスになることはない——それだけは保証します。

囲碁・将棋、ゲートボール以外にも、卓球、テニス、バレーボール、社交ダンス、太極拳、ヨガ、お茶、お華、手芸、俳句など、なんでも構いません。

これといった趣味を持っていない人は、何かしら興味のあるものに、チャレンジしてみてはいかがでしょうか。

【仕事・ボランティア活動】
「自分はまだ必要とされている」が大きなパワーになる

自動車運転外来を訪れる高齢ドライバーに接しているうちに、私はあることに気づきました。

免許を更新しても問題ないと診断できる人、**実際に安全運転をしている人のなかには、まだ仕事をされている人がけっこうな割合で含まれるの**です。

現役バリバリという人もいれば、会社経営者、自分は実務を担当せずに後進の指導にあたっている人、週2〜3回程度のアルバイトをこなしている人、定年退職後に農業を始めた人もいます。

そういう人たちは本当に健康です。気力もみなぎっています。「まだ自分は頑張れる」と思える気持ちが、活力の源になっているのでしょう。労働生活環境を持ち続けている人は、総じて若々しいです。

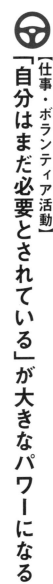

仕事をしているということは、自宅から職場に移動するケースがほとんどですし、会社の同僚、取引先、お客さんなど、人と接する機会もあります。いずれも、運転脳にとっていいことばかりです。

この本を必要としている人の大半は、すでに仕事をリタイアされていることでしょう。「もう仕事はやりきった」「今さら働きたくない」という人がほとんどだと思います。だから私は、みなさんに対して「働きましょう」と言うつもりは微塵もありません。あくまで、安全運転をしている高齢ドライバーの共通点のひとつを挙げたまでです。

ただ、**働くことを無理強いはしないものの、心身ともにまだまだ元気で、働くのも悪くないと思っている人がいたら、喜んで背中を押します**。

前項で推奨した趣味と違い、仕事には責任が生じるので、中途半端な気持ちで取り組むわけにはいきませんが、運転脳に刺激を与えて安全運転をもたらす効果が大きいことに変わりはありません。

自治体に設置されているシルバー人材センターなど、高齢者の雇用に特化した団体もありますし、時代の流れで高齢者が働きやすい環境もだいぶ整ってきました。一度募集内容だけでもチェックしてみたらいいかもしれないですね。

また、**仕事ではなくボランティア活動に参加するというのも、おおいに推奨できます**。ボランティアは、人とのかかわり合いが必須ですし、自分が必要とされているという感覚を味わえると達成感や自己肯定感が高まって、確実に脳にいい刺激を与えるからです。体を動かす内容のボランティアなら、さらに効果的でしょう。

定年退職して、暇を持て余している。でも、老け込んだわけではないし、老け込みたくはない。そして、車には乗り続けたい。

そんなみなさんには、仕事やボランティア活動という選択肢があることに、ぜひ意識を向けていただきたいです。

【性格】性格は変えられないが意識ならすぐに改革できる

自動車運転外来では、自動車の運転能力を総合的に判定することのできる「ドライビングシミュレーター」という機械を操作していただくのですが、「運転に自信がある」という（自信満々な）高齢ドライバーでも、スピード違反をしたり、事故を起こしたりします。

にもかかわらず、終わったあと改めて運転の自信の有無を尋ねると、「ある」と答える人が少なくないです。シミュレーターのプログラムの実践中に事故を起こしていても、「自分の運転は正しかった」と言い張るのです。

このように、客観的に（現在の）自分の運転を評価・判断できないケースは（意外と）多いのです。

ドライビングシミュレーターで
あなたの運転能力を徹底分析！

ドライビングシミュレーターの特徴

・3画面の液晶モニターに映したバーチャル画像で、実際の街並み（道路）を再現

・アクセル、ブレーキ、ハンドル、ウインカーなどを操作することで疑似運転体験が可能

・横断歩道を渡る歩行者や並走するオートバイなど、現実に起こり得る危険を演出

・シミュレーション結果によって、運転技術や判断スピードのレベルを測定

・リプレイ機能があり、操作画像を再生しながら安全運転指導を行うことが可能

とくにバス、タクシー、トラックなどの職業ドライバー経験者は、まさに車とともに人生を歩んできたわけです。免許に対する思い入れが強いことは想像に難くありません。

免許を失うということは、たんに車を運転できなくなるだけでなく、自分の人生を否定されたような感覚に陥るのかもしれません。

だから、運転脳が衰えてきても、そこから目をそらし、免許を持ち続け、車を運転し続け、結果的に事故を起こす可能性を高めてしまうのです。

また、年をとるとどんどん頑固になる人もいますし、もともと自信過剰になりやすい性格も変えることは難しいです。

だから、みなさんはこのように考えるようにしましょう。

自分を変える必要はなし。ありのままでOK。ただし、人の意見をまったく聞かないのはダメ。今よりも少しでいいので、人の言葉に耳を傾けるようにする。

ご家族、主治医の先生、試験場の警察官などと、運転そのものや免許の更新についての議論になったら、けんか腰にならず、深呼吸をして、まずはひととおりの話を聞いてみる。

このような姿勢が大切です。意地になって運転を続け、事故を起こしてしまっては元も子もありません。

それこそ、**死亡事故でも起こしてしまったら、亡くなった被害者の方やそのご家族だけでなく、あなたのご家族も、あなた自身も、全員が不幸になります。**

そうならないためには、不安要素をひとつずつ取り除いていく必要があるのでしょう。

多少なりとも危機意識を持っているであろう、この本の読者のみなさんなら、安全運転を実現するために意識を変えることは容易にできるのではないでしょうか。

【運転頻度】長く安全運転を続けるために気をつけること

今から二択の問題を出します。

高齢ドライバーが長く安全運転を続けたいのなら、日ごろから車とどうかかわるべきでしょうか。

①できるだけ乗る機会を増やす

②必要に迫られたときだけ利用する

「習うより慣れよ」という言葉があります。人から教わったり、理屈を覚えたりするよりも、経験を重ねたほうが早く技術を習得できることを意味することわざです。

これを車に当てはめると、運転すればするほど、技術は向上するということになるでしょう。長らく運転から遠ざかっている人を「ペーパードライバー」と呼ぶように、普段ハンドルを握らない人に対しては、どうしても「不安」というイメージがつきまといます。

そうなると、「①できるだけ乗る機会を増やす」が正解のように感じますよね。

「たまにしか車に乗らないお年寄りの運転なんて、恐ろしくて仕方がない」

そう思っている若者もいるかもしれません。

ところが、正解は、

「②必要に迫られたときだけ利用する」なのです。

車を運転している頻度・距離と、事故率が比例関係にあることは、自動車安全運転センターによる調査により明らかになっています。

年齢は問いません。高齢者だけではなく、若者にも同じことがいえます。例えば、車で取引先を回る営業職のサラリーマンは、車の運転を必要としない同じ会社の同僚よりも事故を起こしやすいのです。

考えられる理由は、ふたつあります。

ひとつは、シンプルに車の運転をしている頻度が高くなったり、距離が長くなったりすると、そのぶん事故を起こしやすいシチュエーションに遭遇する機会が増えるから。

もうひとつは、長時間運転することで慣れてしまい、慢心をまねき、不注意や判断ミスを誘発するから。

このような背景があるのではないでしょうか。

くり返しますが、車を運転している頻度・距離と事故率は比例します。乗れば乗っただけ、事故を起こす確率も、事故に遭う確率も高まります。

長く安全運転を続けたいのならば、「用もないのに車に乗る」ことをできるだけしないように。そして仕方なく運転する場合には、じゅうぶんな休憩を入れることを誰もが心がけるべきなのです。

【日常の行動傾向・体の状態】
真っ正直に現在のありのままの自分と向き合う

80ページの一覧にある10個の質問に、「はい」か「いいえ」、もしくは「ある」か「ない」でお答えください。

ひととおり目を通して、これらの質問内容の〝主題〟をすぐにくみ取ることができるのではないでしょうか。

そうです。これは安全運転に不可欠な脳と体の機能の衰え度合いを測るための自己診断チェックリストです。**「いいえ」と「ない」の数が多いほど安心、「はい」と「ある」の数が多いほど危険**と判定することができます。

当然、安全運転をしている人は「いいえ」と「ない」がズラリと並びます。仮にあなたがそうだった場合、運転に対する不安材料が少ないことは事実なので、自信を持っ

以下の10個の質問に、「はい」か「いいえ」、もしくは「ある」か「ない」でお答えください

質問		はい or ある	いいえ or ない
①	収縮期血圧（上の血圧）の数値が日常的に130mmHgを超えていますか？		
②	医師にフレイルと診断された、もしくはその兆候があると言われたことがありますか？		
③	最近、平坦な場所で躓きやすく、転びやすくなったと感じますか？		
④	運転中に対向車や後続車からクラクションをよく鳴らされますか？		
⑤	昔よりも車庫入れに苦労するようになったと感じますか？		
⑥	家族に物忘れが増えてきたことを指摘されますか？		
⑦	知り合いの名前がすぐに出てこないことが頻繁にありますか？		
⑧	夜の運転が怖いと感じるようになりましたか？		
⑨	家族に昔より話し声が大きくなったと言われたことがありますか？		
⑩	話し相手の言葉がうまく聞き取れず、聞き返すことが増えましたか？		

ていただいて構いませんが、油断は禁物ですし、決して慢心してはいけません。

逆に、「はい」と「ある」だらけのケースは大問題です。すぐさまこの本で紹介している「運転脳ケア」や「運転脳体操」をはじめとする運転脳強化メソッドの数々に取り組み、改善を目指しましょう。

それでも状況が好転しない場合は、免許の自主返納を視野に入れつつ、認知症専門医を受診したり、脳ドックを受けて脳の状態をチェックしたりして、専門家の判断をあおぐことをおすすめします。

なお、この10個の質問で「はい」と「ある」に該当するケースを問題視しなければならない理由については、この章の後半（次項以降）でしっかり言及していきます。

冒頭から、安全運転をしている人についてさまざまな角度から見てきたので、今度は逆に、安全運転ができない人、実際に事故を起こしてしまった人に目を向けていきましょう。

こうして認知症ドライバーの事故は減っていったが……

「高齢者に車を運転させるのは、危ないんじゃないのか」

私の記憶では、２０１０年前後あたりから、このような声が世間で頻繁に聞かれるようになりました。高齢ドライバーの起こす交通事故が目立ち始めてきたからです。

そして、事故の件数は日増しに上昇していきました。その中心には、認知機能の落ちてしまっている人たちが多くいました。

「いったい警察は何をしているんだ！　認知症の人に免許を与えるな」

このように、非難の声は高まるばかり。**２０１０年代半ばには、高齢ドライバーによる事故はすでに大きな社会問題になっていました。**

そんな情勢を受け、ＮＨＫは専門家をまねいて時事問題について討論を展開する番組『日曜討論』にて、高齢ドライバー事故をテーマに選択。番組内でいかに事故を防止するかについて話し合いがもたれ、国が喫緊の課題として取り組むべきであるという結論に至りました。

これが2016年12月11日のことです。

討論の内容はものすごくタイムリーで、的確で、有意義でした。自動車運転外来を開設する前でしたが、私は高齢ドライバーの診断を行う専門の医師として、「これはええ番組やなぁ」と感心したことを鮮明に記憶しています。

おそらく国にとって、この番組の放送が大きく舵を切る契機になったのでしょう。すぐに道路交通法が改正され、2017年3月から高齢者の免許更新時や軽微違反時に課せられる認知機能検査が強化されました。

すると、まさに効果はてきめん。**認知症や軽度認知機能障害の人だけでなく、「最近ちょっと怪しくなってきたな」とご自身もしくはご家族が感じるようになった人が、**

免許を自主返納するケースが一気に増えました。

2016年の免許返納件数が34・5万件、免許返納率が7・65%だったのに対し、2017年になって前者が42・4万件、後者が11・62%に上がったのです。もちろん、**これに連動するかたちで、認知症ドライバーによる事故は大きく減りました。**

これにて一件落着。となれば理想的な展開だったのでしょう。

しかし、そうは問屋が卸しません。社会の高齢化は加速度的に進んでいるので、認知症ドライバーは減っても、高齢ドライバー自体は減ることがなく（というより、むしろ増加しており）、事故も激減というわけにはいかなかったのです。

「じゃあ、誰が事故を起こしているの？」

おのずとそんな疑問がわいてきますよね。

その答えとして浮上してくるのが、この本の冒頭でも取り上げた「運転脳が衰えてきている人」になります。

認知症ではなく、**日常生活にとくに問題はなく、会話の受け答えも可能で、自分の**

言動や行動の内容をおおよそ認識できている――そういう〝ごく普通の高齢者〟が事故を起こしているのです。

池袋母子死亡事故はなぜ起こったのか？

2019年4月19日、東京の池袋で乗用車が暴走して多重衝突を起こし、母子2人が死亡、9人が重軽傷を負うという痛ましい事故が起こりました。

加害者となったドライバーは87歳（当時）の男性。パーキンソン病の疑いはあったものの、認知症ではなかったとされています。少なくとも、警察の事情聴取や現場検証においては、しっかりと受け答えができていました。

加害者および弁護人は当初「車の電気系統の故障」を主張していましたが、その後の捜査により、事故原因はブレーキとアクセルの踏み間違いであると認定。裁判で禁錮5年の有罪判決がいい渡されました。

このニュースは大々的に報じられ、高齢ドライバーの運転がそれまで以上に問題視される一因となったので、みなさんの記憶にも深く刻み込まれていることでしょう。

私はこの加害者を直接診ていないので断定はできませんが、**事故の引き金となったブレーキとアクセルの踏み間違えを引き起こした要因について、「おそらくこうであろう」というひとつの確信めいたものを持っています。**

それは、**脳の萎縮が進み、白質病変が発生していたのではないかということ**です。

この現象は、運転脳の衰えと同義に考えていただいても構いません。

白質病変は加齢のほか、高血圧等の生活習慣病、喫煙、生活習慣の乱れなどによって生じる脳の毛細血管を中心とする脳虚血病変のことで、40代までは喫煙者以外ほとんど発生しませんが、50代くらいから増え始め、60代以降に急増し、80代では半数以上の人に認められます（当脳ドック施設でのデータ分析より）。

白質病変では、神経細胞が集まっている大脳皮質（灰白質）にダメージがないため、呂律が回らない、あるいは手足が動かないといった脳卒中でよく見られる明白な症状はありません。

ただし、広範囲にわたる白質病変は、脳梗塞の再発や血管性の認知症と高い関連性があります。そして何より、安全運転を阻害するやっかいなファクターになることが、私たちの長年の研究により明らかになっています。

大脳白質には神経細胞が乏しい反面、毛細血管と神経線維が密集しているので、白質病変では毛細血管のダメージとともに神経線維網（脳神経ネットワーク）が破綻しています。**白質病変は、脳神経ネットワークの破綻をもたらし、情報伝達の障害をまねき、それが運転操作に影響して、交通事故を引き起こしやすくする**のです。

例えば、脳が「ブレーキを踏め」という指令を出したとしても、ネットワークが壊れているためにうまく伝わらず、いつの間にか「アクセルを踏め」に置き換わってしまうケースもあるということ。

白質病変が進行すると意図せぬ行動をとってしまう！

白質病変によって脳神経ネットワークが破綻すると、脳が「ブレーキを踏め！」と指令を出しているのに、いつの間にか「アクセルを踏め！」と誤った情報に置き換えられてしまうことがある。これがブレーキとアクセルの踏み間違いの原因になりやすい。

あくまで推測の域を出ませんが、池袋の事故の加害者がそうだった可能性は否定できません。

安全運転の天敵＝白質病変とは？

白質病変が自動車の運転に及ぼす影響や、関連性が認められている事例はまだまだあります。すでに論文として発表されているものをいくつか紹介しましょう（90ページ）。

いずれもとても大切であり、重要なのですが、とりわけ強調しておきたいのは、①になります。白質病変のある高齢ドライバーは、交差点で事故を起こしやすいのです。

あくまでも脳ドックを受けた健常中高齢者を対象にすれば、白質病変が左右にあると全体の事故率が1・6倍、交差点ではなんと3・4倍になるという研究結果が得られています。

自分の脳に白質病変があり、増加傾向があれば、車の運転は控えるでしょうし、仮に運転したとしても、交差点ではとくに慎重になるでしょう。

それだけ、白質病変が運転に及ぼす影響は大きいのです。

白質病変が 自動車の運転に及ぼす影響や 関連性が認められている事例を 示す代表的な論文	
①	白質病変のあるドライバーは交差点での交通事故を起こしやすい (出典：Plos One, 2013)
②	白質病変のあるドライバーは高速道路での逆進入を起こしやすい (出典：J Neurological Disorders 2023)
③	白質病変のある高齢ドライバーは運転中にマルチタスク(暗算計算)をさせると安全運転能力が低下する (出典：Plos One, 2014)
④	普通に運転しても、白質病変のある高齢ドライバーは安全運転能力が低下している (出典：Transportation Research F, 2020)
⑤	認知症ではないが、加齢脳(脳萎縮＋白質病変)が進んでいる高齢者は、そうでない高齢者と比べて安全運転能力が低下している (出典：Frontiers in Aging Neuroscience,2022)
⑥	後頭葉の白質病変と脳萎縮は動体視覚認知力を介して、高齢者の安全運転能力低下に関与、頭頂葉の白質病変は単独で関与している (出典：Scientific Reports, 2023)
⑦	白質病変の定量評価は生活習慣の乱れや生活習慣病対策に役立つ (出典：Journal of Clinical Medicine 2019)

ただし、白質病変があったとしても、禁煙や運動などメタボ対策・高血圧治療でその進行を止めることができます。

白質病変内の毛細血管や神経線維は可塑性が高い組織なので、白質病変と安全運転能力低下は不確定なことがあり、最近の知見では、白質病変のみならず脳萎縮も考慮すべきだと考えられるのです（これを説明しているのは⑤と⑥）。

脳萎縮や白質病変発生の有無は、脳ドックを受診し、頭部ＭＲＩを撮ることによってわかります。それこそ、私が主宰する脳ドックに来ていただければ、脳の状態を瞬時に詳しく診断できます。

しかしそれは、物理的にも、時間的にも、金銭的にも、即座に実行しづらいことは承知しています。お住まいの地域にある脳ドックを受けるにしても、気軽に「じゃあ明日行ってこよう」というわけにはいきません。

ちょっと、ハードルが高いですよね。

よってこの本は、脳萎縮や白質病変が発生している可能性を示唆する兆候や傾向を紹介し、その対策（運転脳ケア）を提案するという構成にしました。

できれば脳ドックを受けていただきたいのですが、受けなくても、脳が萎縮していたり、白質病変ができていたりする公算が大きいということは、ある程度予測できます。

脳萎縮と白質病変発生の原因は枚挙にいとまがありませんが、**両者に共通する大きな要素として挙げられるのは、高血圧と飲酒・喫煙習慣**です。

血圧が高い人、大酒飲みの人、タバコを吸う習慣のある人は脳萎縮と白質病変の両方に関係し、過度のストレスを抱えている人は脳萎縮に強く関係すると考えています。

通常、私が主宰する脳ドック施設のデータでは、男性は1年で2㎖、女性は1㎖の割合で脳萎縮が進行するのですが、飲酒・喫煙習慣のある人はそれが約5㎖に、仕事や人間関係などにストレスを感じている人は約10㎖に増加するのです。

さらに、**運動不足や睡眠不足、不規則かつ栄養バランスの偏った食事、糖尿病をはじめとする生活習慣病が脳萎縮に影響する**ことも、付け加えておかねばならないでしょう。

また最近では、フレイルと脳萎縮・白質病変が密接に関係しているのではないかということが指摘されています。

脳萎縮が進み、白質病変が継続的に増加すると、高次脳機能の衰退・低下、やる気・粘り・意欲の枯渇などをまねき、それがフレイルに結びついていくとする考え方です。

フレイルとはFrailty（虚弱）の日本語訳で、日本老年医学会が2014年に提唱した、健康な状態と要介護状態の中間に位置し、身体的機能や認知機能の低下が見られる状態を指す概念を意味します。

そして、欧米の追跡調査では、白質病変とフレイルの関係が多く報告されています。

つまり、**フレイルと診断されたら、それは白質病変が増えている可能性を疑ってもいい**ということです。

現状を理解できたら進むべき道はひとつ

以上を踏まえて、80ページで触れたチェックリストの内容を改めて確認しましょう。「はい」と「ある」に該当するケースを問題視しなければならない理由がわかると思います。

①収縮期血圧（上の血圧）の数値が日常的に130㎜Hgを超えていますか？
②医師にフレイルと診断された、もしくはその兆候があると言われたことがありますか？
③最近、平坦な場所で躓《つまず》きやすく、転びやすくなったと感じますか？
④運転中に対向車や後続車からクラクションをよく鳴らされますか？
⑤昔よりも車庫入れに苦労するようになったと感じますか？

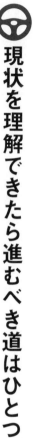

⑥　家族に物忘れが増えてきたことを指摘されますか？
⑦　知り合いの名前がすぐに出てこないことが頻繁にありますか？
⑧　夜の運転が怖いと感じるようになりましたか？
⑨　家族に昔より話し声が大きくなったと言われたことがありますか？
⑩　話し相手の言葉がうまく聞き取れず、聞き返すことが増えましたか？

①～⑦は、脳萎縮や白質病変発生（増加）を示唆する内容、⑧～⑩は視覚・聴覚機能の低下をほのめかす内容で、すべてが安全運転を阻害する要因になり得ます。だから、「はい」と「ある」ばかりの人はまずいのです。

そのままにしておいたら、いつ事故を起こしてもおかしくない状態に陥りますし、免許の更新が認められなくなるかもしれません。

「どちらも嫌」

それがみなさんの本音でしょう。

であれば、なんらかの対策を講じる必要があります。だから私は、この本を通して

その方法を多くの人に伝えることにしたのです。

脳萎縮や白質病変の増加を抑える方法、認知機能を低下させない方法はあります。

その「運転脳ケア」について、次章以降で紹介していきます。まずは運転脳を守る「運転脳ケア」をしっかり理解してください。

それから、この本の目玉である「運転脳体操」に進みましょう。

この本で紹介する「運転脳ケア」や「運転脳体操」は、どれもが日常生活にすぐに取り入れられる手軽なものです。

トータルで運転脳を鍛えることを意識しながら、できることから実践していきましょう。

そうすれば、長く安全運転を続ける可能性を高めていくことができるのです。

安全運転＋健康長寿を同時に実現させるためには

この章の最後に、脳ドックに関する情報を簡単にお伝えしておきます。先ほど、ちょっとハードルが高いといいましたが、その一方で興味を持っている人や、積極的に受けようと思っている人は、必ずいるはずですからね。

脳ドックとは、脳梗塞をはじめとする脳疾患の発症リスクを早期に発見することを目的とした、検診コースの総称です。

頭部ＭＲＩ、血液検査、頸動脈エコー検査、心電図など、多角的な方法で、異常や前回検診時からの変化を調べます。

脳ドックを受けたことにより、くも膜下出血などの脳卒中発症と、それにともなう突然死のリスクを回避できた例は枚挙にいとまがありません。

日本は、超がいくつも付く脳ドックの先進国です。導入されているMRIの装置に関しては、総数でいえばアメリカがいちばんかもしれませんが、人口当たりの台数（普及率）なら日本が世界一。それも、一般の健常人を対象にした脳ドック予防医学システムは世界中で日本しかありません。

脳ドックでは、ぶっちぎりのナンバーワンです。私たちは、とても恵まれた環境で生活しています。

1回の脳ドック費用も、数十万円や、100万円を超えるような国があるのに対し、日本は予防目的の場合は保険適用外になるとはいえ、それでも2万～5万円程度。命を守ることを考えれば、決して高すぎるという金額ではないでしょう。

脳ドック学会のホームページ（https://jbds.jp/centers/）では、お住まいの地域での脳ドック認定施設一覧を見ることができるので、お近くで受診可能な病院やクリニックの情報を得ることができます。

検診費用の相場に開きがあるのは、ひと口に脳ドックといっても、医療機関やコースの内容に違いがあるからです。

必要最小限のコースもあれば、至れり尽くせりのコースもあります。ですので、受ける前に「何を調べ、どんなことわかるのか」をしっかりチェックするようにしましょう。

ここで注意していただきたいのは、脳萎縮と白質病変の有無を調べてくれるかどうかということ。

運転脳の衰えを知るためにも、これは非常に大事な要素なので、コースの内容に含まれることがマストになります。

従来の脳ドックは、例えば未破裂動脈瘤や無症候性脳腫瘍など、手術が可能な脳の病気を見つけることに専念する傾向にあり、脳萎縮や白質病変を無視してしまうケースがじつはけっこうあるのです。

ちなみに、私が高知検診クリニックで行っている脳ドックは、従来の脳ドックに加齢脳評価（白質病変と脳萎縮の定量）を加え、脳の病気以外の健康リスクについても幅広く調べることが可能です（https://kenshin.or.jp/medical-examination/brain-checkup/）。通称「脳ドックプラス」で、ここから得た情報を生活習慣病指導や、自動車運転外来に活用しています。

ほかの医療機関でも、従来型の脳ドックにとどまらず、脳の病気以外のこともチェックしてくれるところはあるはずなので、関心のある人は事前調査をして、定期的に受診するようにしましょう。

脳ドックは安全運転だけでなく、健康長寿そのものを強力にバックアップしてくれます。

従来の脳健診・脳ドックで目的とすること

手術ができる脳の病気を見つけることに専念。
例えば、**未破裂動脈瘤**や**無症候性脳腫瘍**のみを目を皿にして探す。

未破裂動脈瘤

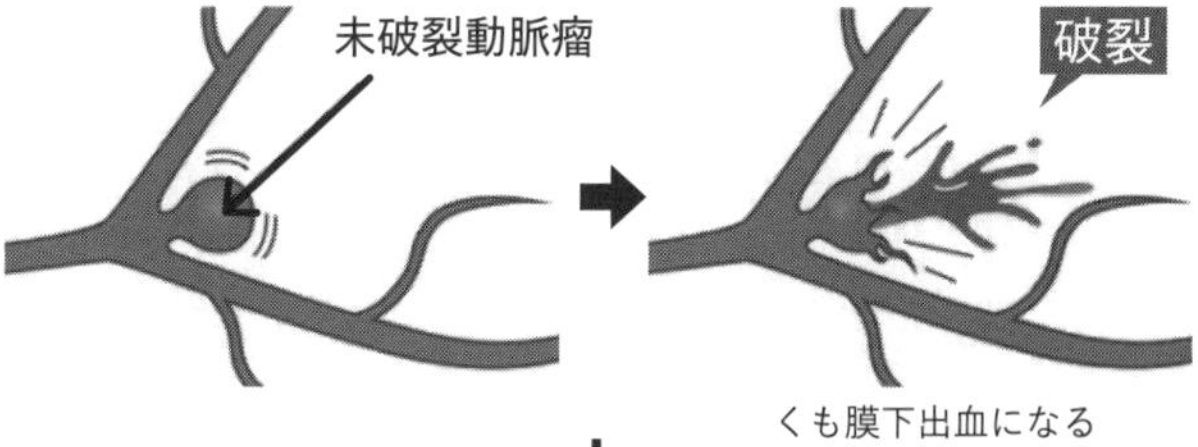

＋

無症候性脳腫瘍

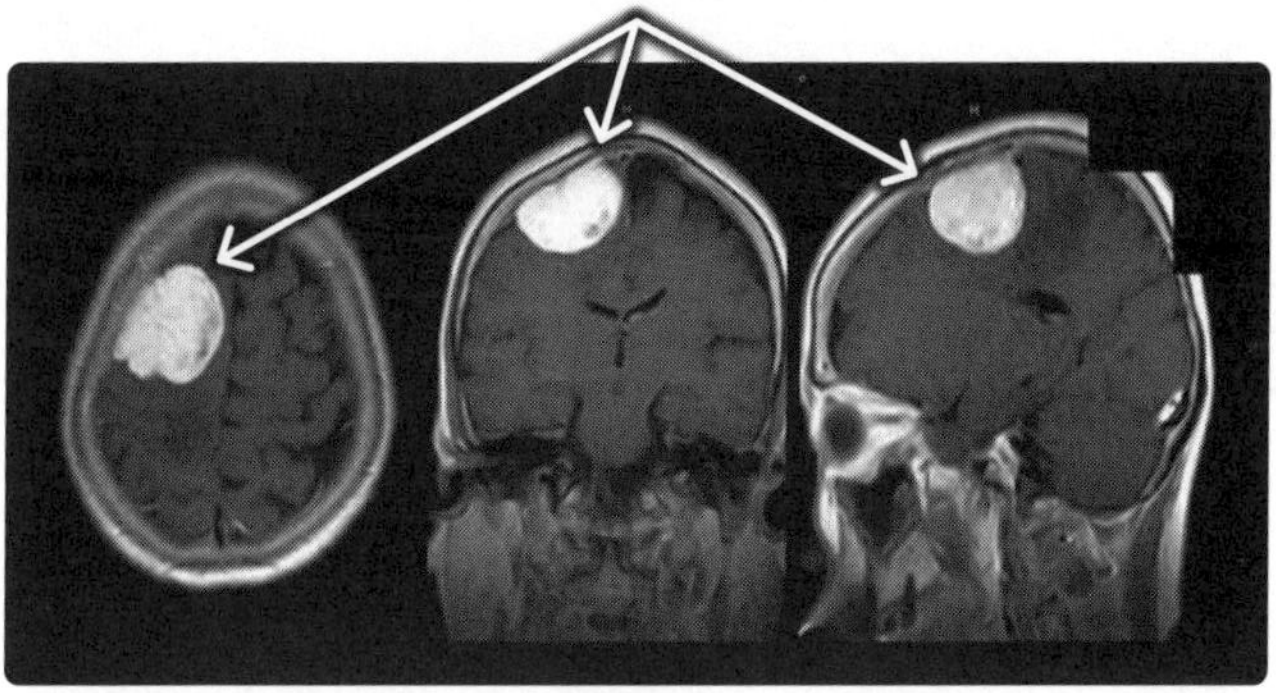

従来型脳ドックの問題点とは?

- 加齢脳（脳萎縮と白質病変）を無視しがち！
- 年相応という言葉ですませがち！
- 脳の健康ではなく、脳の病気ばかり見がち！

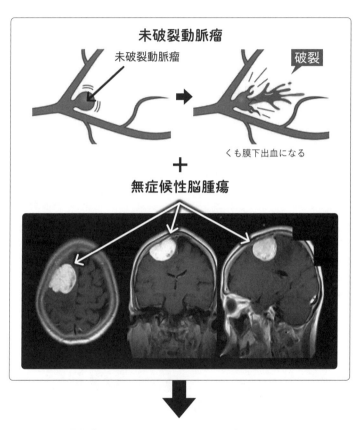

脳ドックプラスはココが違う！

従来の脳ドックに、加齢脳評価（白質病変と脳萎縮の定量）を追加。これによって脳の病気以外の健康リスクについても幅広く調べることが可能となる。

従来型脳ドック

＋

加齢脳評価（白質病変と脳萎縮の定量）

生活習慣指導と生活習慣病治療

オンライン診療を活用し、必要なら保険診療へ。

- 産業医・保健師との協働
- 肥満、タバコ指数、糖尿病、高脂血症、高血圧 ▶ **改善を目指す**

【白質病変容積の求めかた】

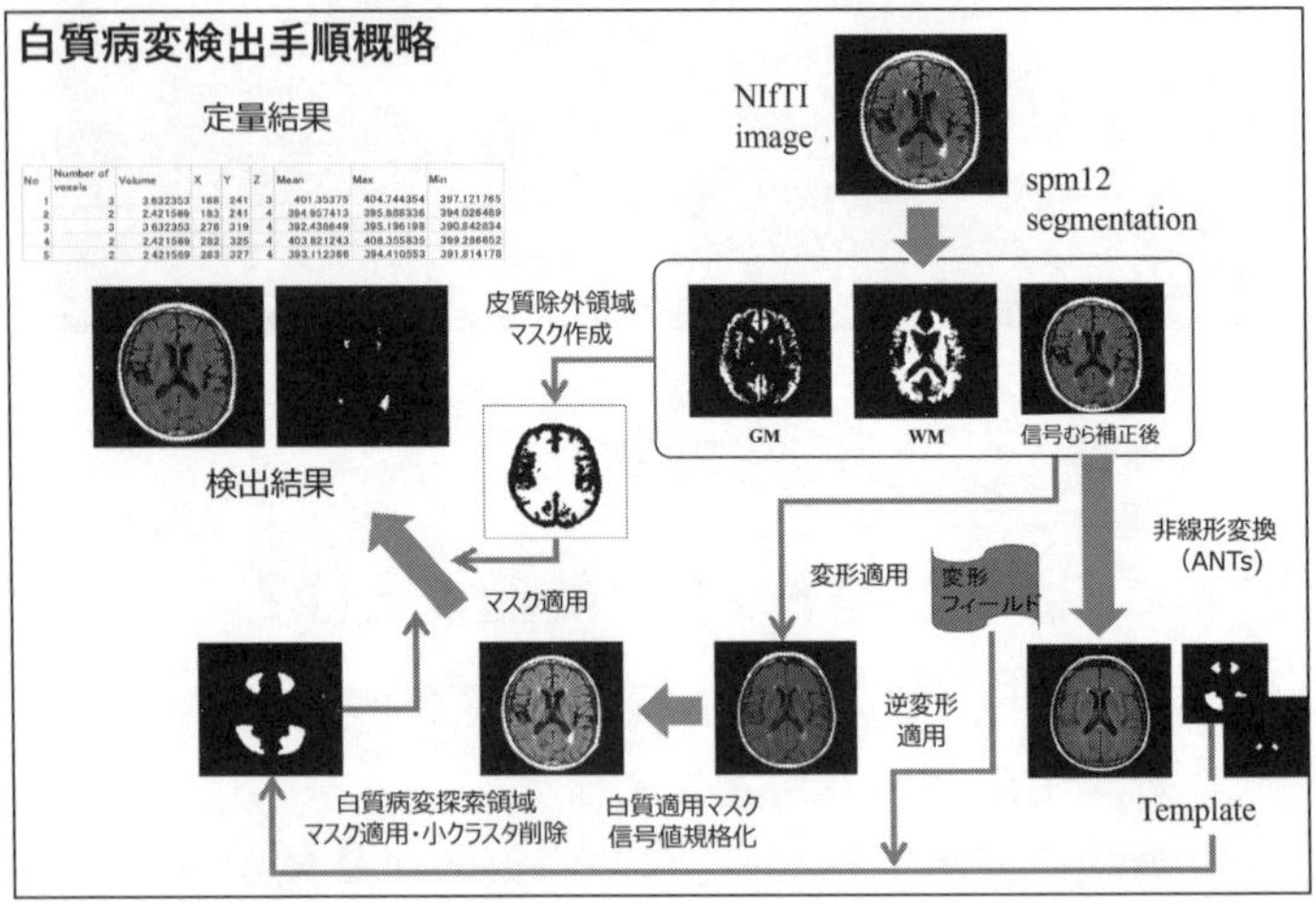

No	Number of voxels	Volume	X	Y	Z	Mean	Max	Min
1	3	3.632353	188	241	3	401.35375	404.744354	397.121765
2	2	2.421569	183	241	4	394.957413	395.888336	394.026489
3	3	3.632353	276	319	4	392.438649	395.196198	390.842834
4	2	2.421569	282	325	4	403.821243	408.355835	399.286652
5	2	2.421569	283	327	4	393.112366	394.410553	391.814178

第2章

「運転脳ケア」で脳と体の老化を止める

脳と体の老化を防止する簡単な「運転脳ケア」が勢揃い

「運転脳ケア？　いわゆる、脳トレをやらされるんでしょう？　あとは運動もしないといけないんですよね。面倒くさいな。続かない気がする……」

私が推測するに、読者の半分以上はこのような思いを抱いているはずです。これまでも、認知症対策など老化防止を目的としたメソッドに取り組んでも、複雑だったり、量が多かったりして、途中で挫折してしまった経験のある人も多いことでしょう。

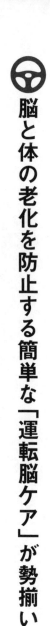

だから私は難易度を設定し、取り組みやすい方法から順に紹介していくかたちを採用しました。

レベルは5段階。★の数で難易度を表します。この本は高齢ドライバーが長く安全運転を続けるための入門書のような位置づけになるので、難しい★4つと★5つの方法は省き、★3つまでにとどめることにしました。
章タイトルのとおり、脳と体の老化を抑える効果に期待できる方法であれば、すでに実践している人の有無にかかわらず取り入れています。

いずれも無理に取り組むのではなく、興味のあること、好きなこと、楽しいと思えて続けられることだけに絞っていただいて結構です。

全部カバーしなくてもいいですし、すでに取り組んでいる方法があれば、そのまま続けるだけでOK。それをやめて、あえて別の何かにトライする必要はありません。

あと私は、世間で「脳トレ」といわれるものを「脳リハ」と呼ぶようにしています。

なぜなら、もともと（若いころは）状態の良かった脳が加齢により衰えてくるため、それをケアする行為は「トレーニング」よりも「リハビリテーション」のほうがしっくりくるからです。

この章で紹介する方法は、どれも「運転脳ケア」の要素を持っているので、大きな効果に期待してください。

前章のチェックリストで、安全運転に不可欠な脳と体の機能に大きな衰えが認められなかった人も、将来に備えて積極的に取り組むことをおすすめします。

【ウォーキング】明確な目標やノルマを設定しなくてもOK！

難易度★☆☆☆☆

「ウォーキングすら面倒くさい」

そういう人はたくさんいると思いますが、おそらくそれはウォーキングを堅苦しい運動の一環ととらえているからです。その考え方はすぐに改めましょう。

「ウォーキング」というのはあくまで便宜上の表現。私はシンプルに「歩くこと」を推奨しています。 かしこまる必要も、構える必要もなし。スポーツウェアやシューズを新調しなくてもＯＫ。買い物に出かけるのも、散歩をするのも、立派なウォーキングです。

では、1日どれくらい歩けばいいでしょうか。

厚生労働省が目標値に設定している1日の平均歩数は、男性9200歩、女性8300歩です。年齢や体格などによって個人差は当然出てきますが、平均すると、1000歩要するのに約10分、距離にして600〜700メートル程度に相当するといわれています。

「目安がそれなのだから、脳をケアするということになれば、それこそ1万歩とか、それ以上の歩数がノルマになるのでは。絶対に無理……」

そうやって戦々恐々としているみなさん、心配には及びません。

私が推奨する目標は「現状よりも少しだけ増やす」です。

1日〇〇〇〇歩とか、無理に具体的な目標を決める必要はありません。日ごろほとんど歩いていないという人は、少し歩くだけでも構わないですし、増やせるようなら徐々に増やしていけばいい。それが基本スタンスです。

だから、気軽に取り組むことができます。

実際に外を歩く際は、遊び心を持ちながらちょっとした工夫をすると、なおいいですね。

例えば、同じ駅やお店に行く場合でも、少しだけ遠回りしたり、普段通らないルートを選択したり、ということです。いつもと違う景色を見ると、おのずと好奇心が生まれ、脳に刺激を与えることにつながります。

空を眺めたり、移ろいゆく四季の自然に目を向けたりするのもいいでしょう。

心がリラックスし、安全運転で必要となる譲り合いの精神が育まれていくかもしれません。

弱点の見当たらない最強の健康増進メソッド

ウォーキングは、誰もが長期間にわたって継続することのできる有酸素運動です。

有酸素性運動は長く続けるほど脂肪をエネルギーとして利用する比率が高まります。すると、体脂肪の減少（肥満解消）、血中中性脂肪の減少、血圧や血糖値の改善など幅広い効果が見込めるのです。

さらに、心肺機能の改善や、骨粗しょう症の予防効果にも期待できます。体にほとんど負担をかけないので、ひざや腰を痛めている人でも取り組みやすいです。

それだけではなく、脳の容積増加に寄与することもわかっています。脳の神経細胞自体は増えないので、**運動をすると脳容積が増えるのは、可塑性の高い神経線維が増えたためと考えられています。**

ピッツバーグ大学の研究グループがエアロビクスのような運動介入で前頭前野や海馬の容積を増やせたという報告、地域住民2550人のMRI調査から中等度の運動でも同等の効果が得られるというドイツの研究、速足で歩いても同等の効果があることを示す4年間に及ぶ韓国の縦断研究なども含めて、最近では世界中で同様の報告がなされています。

これはつまり、**運動することにより、安全運転を阻害する一因となる脳萎縮を抑制できる**ということです。手っ取り早く運転脳をケアしたい人は、とにかくウォーキングから始めるといいでしょう。

一般的に、ウォーキングは体のあらゆる健康を保ち、生活習慣病をはじめとするさまざまな病気を予防してくれます。手軽で、簡単で、効果抜群。

ウォーキングに勝る健康増進メソッドはないといっても過言ではないでしょう。

運転脳もウォーキングからスタートです！

先ほど、具体的な目標は設定しなくてもいい、現状より少し歩数を増やせばいいとしましたが、もちろん多く歩くに越したことはありません。

最近は万歩計の機能が搭載されたアプリや、歩くとポイントがもらえるアプリをスマートフォンに入れられるので、ゲーム感覚でウォーキングに勤しむことができます。歩けるときに、コツコツと、少しずつ歩数を増やすことを目標に、楽しみながら実践していきましょう。

体力に自信のある人、足腰に不安のない人、ウォーキングだけでは物足りない人は、無理をしない程度という大前提のもと、走ることにチャレンジしても構いません。

むしろ、歩く速度が速いほど脳容積が増えるという報告があるので、**ウォーキングよりも、ランニング、ジョギング、マラソンといった汗を流す運動のほうが、運転脳をケアできる**でしょう。

かつて私の脳ドックを受けた50代男性Sさんは期するところがあり、健康維持も兼ねてマラソンにチャレンジ。週末を中心に走り込みを行って、約8カ月後にフルマラソン（龍馬マラソン）を完走できるまでになりました。その後も体の調子が良かったので、毎週末に走る習慣は継続させました。

すると、1年後の脳ドック検診時に、脳容積が4・3㎖増加していることがわかったのです。

Sさんはタバコは吸いませんが、1日ビール350㎖缶2本のペースでお酒を飲みます。何もしなければ、確実に習慣的飲酒による脳萎縮が目立っていたことでしょう。しかし、**マラソンを始めたことによって、脳萎縮を回避**することができました。Sさんは車の運転に問題を抱える高齢ドライバーではありませんが、このまま運動を続けていけば、年齢を重ねても急激な運転脳の衰えを心配しなくて済むでしょう。

ほかにも、接待やお付き合いでお酒を飲むのが仕事の一部になっている会社員のT

マラソンを始めたことで脳萎縮を回避！

50代男性Sさんの脳ドックデータ

初回検診時

	（mℓ）		左	右
灰白質体積	608.1	前頭葉の灰白質体積	76.6	81.4
白質体積	555.2	側頭葉の灰白質体積	57.1	58.8
脳脊髄液量	**242.1**	頭頂葉の灰白質体積	43.9	42.8
全脳体積	1163.3	後頭葉の灰白質体積	34.7	35.0
頭蓋内体積	1405.4			

1年後の検診時

	（mℓ）		左	右
灰白質体積	600.0	前頭葉の灰白質体積	75.8	79.8
白質体積	566.5	側頭葉の灰白質体積	56.8	57.8
脳脊髄液量	**237.8**	頭頂葉の灰白質体積	43.6	43.2
全脳体積	1166.5	後頭葉の灰白質体積	33.6	34.8
頭蓋内体積	1404.3			

約1年間で脳脊髄液量が4.3mℓ減少（脳萎縮回避）！

運動をすることによって、脳萎縮を回避することのできた典型例。お酒をやめる、もしくは量を減らすことができていれば、脳容積はさらに増加していた可能性もある。

頭蓋骨内には、脳そのものと、脳と骨とのすき間を満たす脳脊髄液が存在している。脳脊髄液が減少しているということは、相対的に脳容積が増加していることを意味する。体積は推定値なので補正する必要がある。脳脊髄液量は再現性が高く補正の必要がほぼないので、このデータで判断している。

さんが、走ることによって脳萎縮を食い止めたケースなど、本来なら脳容積が大きく減ってもおかしくない人が、体を動かすことによりそれを増加させたり、現状維持にとどめたりする事例を、私はたくさん見てきました。

走ることにはかなわないものの、歩くことにも同じような効果が見込めるので、まずは歩く量を少しずつ増やすことを、心がけてみてはいかがでしょうか。


【幸福を感じるシーンに身を置く】 難易度★☆☆☆

マズロー欲求5段階説と脳萎縮・白質病変との意外な関係

「ありがとうございます。助かりました」

誰かからお礼を言われたら、当然うれしいですよね。

「○○さん、すごいですね。尊敬します」

誰かからほめられた場合も、うれしいに決まっています。

いずれも、幸福を感じる瞬間です。

ほかにも、朝にすっきりと目が覚めて体調が良いと感じたり、家族やペットと楽しい時間を過ごしたり、美味しいものを食べたり、ゲームやスポーツの試合に勝ったり、認知機能検査などのテストでいい点を取ったりしたときなどに、幸福感を得られるでしょう。

長く安全運転を続けたいと思っているみなさんは、その瞬間を大切にしてください。**うれしい、楽しい、喜ばしい、幸せ。そういった感情は、脳の疲れを取ったり、ストレスを軽減して気分を安定させたりするなど、人間の体にもれなく好影響を与えるか**らです。

さらに最近では、とても興味深い研究も進んでいます。心理学者のアブラハム・マズローが唱えた欲求5段階説の各欲求の満足度合いと、脳萎縮・白質病変の発生度合いは、連動する関係にあるかもしれないというものです。

マズローの欲求5段階説は、生理的欲求・安全の欲求・社会的欲求・承認欲求・自

己実現欲求の5つで構成されています。本題からそれるので細かい説明は割愛しますが、

要するに、これらの**欲求が満たされて幸福を感じると、脳萎縮と白質病変の抑制につながる可能性がある**ことが指摘されているのです。

あくまでまだ仮説の段階なのですが、私は両者の関連性は高いと確信しています。

実際にこれまで、幸福度の変化にともなって脳容積が増えたり減ったりしてきたケースを、いくつも脳ドックで目の当たりにしてきました。

だからそういえるのです。

感情によって脳はこんなにも変化する

ふたつほど具体的な例を紹介しましょう。

50代女性Yさんは、子育ても落ち着き、飲食店でのパートに精を出していました。仕事は非常に楽しく、自分に合っているとのことで、とてもいきいきと話す様子が印象的でした。

Yさんは一生懸命働いた甲斐もあって、ほどなくしてパートリーダーに昇進。さらには、店長代理にまで上り詰めたそうです。時給が上がり、責任のある仕事を任されるようになり、どんどんモチベーションが上がったといいます。

そして、脳ドックを受けたところ、約2年前と比較して脳容積が5・9㎖も増えていました。これこそ、**幸福感が脳容積の増加に寄与したと考えられる典型例**です。仕事をストレスに感じていたら、こうはなりません。

もうひとりの例は、美容関連に勤める60代女性Oさん。彼女は毎年定期的に脳ドックを受診しており、2年前から1年前にかけては、年齢相応の脳の老化が確認できる程度でした。具体的には、脳容積が1年で1・3㎖減っていました。

幸せを感じると脳容積がどんどん増えていく！

50代女性Yさんの脳ドックデータ

初回検診時

	(mℓ)		左	右
灰白質体積	656.3	前頭葉の灰白質体積	68.9	72.7
白質体積	483.1	側頭葉の灰白質体積	46.5	47.1
脳脊髄液量	189.0	頭頂葉の灰白質体積	43.4	45.3
全脳体積	1039.4	後頭葉の灰白質体積	31.2	31.2
頭蓋内体積	1228.4			

2年後の検診時

	(mℓ)		左	右
灰白質体積	653.7	前頭葉の灰白質体積	69.7	73.4
白質体積	478.7	側頭葉の灰白質体積	47.2	48.2
脳脊髄液量	183.1	頭頂葉の灰白質体積	44.1	45.6
全脳体積	1042.4	後頭葉の灰白質体積	31.4	31.4
頭蓋内体積	1225.5			

約2年間で脳脊髄液量が5.9mℓ減少（脳容積増加）！

充実した日々を送れている人は、脳容積が増加する傾向にある。仕事をしていない人でも、楽しい、幸せと感じられる場所に身を置けば、脳容積の増加に期待できる。

頭蓋骨内には、脳そのものと、脳と骨とのすき間を満たす脳脊髄液が存在している。脳脊髄液が減少しているということは、相対的に脳容積が増加していることを意味する。体積は推定値なので補正する必要がある。脳脊髄液量は再現性が高く補正の必要がほぼないので、このデータで判断している。

ところが、このとき（その翌年）は様子がちょっと変でした。声のトーンは小さく、暗い顔をしています。聞けば、「今年いっぱいで仕事を辞めるつもり」とのこと。以前は「美容関連の仕事は大好きです。今の仕事は天職だと思っている」とも言っていた人なので、この変化はある意味一大事です。

「前の年の脳ドックを受けた直後くらいに、自分よりもはるかに若い新店長の下で働くことになりました。でも、私にはまったく合わなくて……。やり方も考え方も全部違うので、ストレスが溜まるばかり。この仕事が好きなので我慢して続けてきましたが、もうそろそろ限界です」

これが、辞めることを決意した理由だそうです。泣きじゃくりながら話すOさんの姿を見て、相当辛い思いをしてきたであろう日々をありありと想像できました。

そうこうしているうちに、頭部MRIで撮った画像データがあがってきました。脳容積はこの1年間でなんと9・8㎖も減少していました。仕事の環境変化が脳に与える影響は、これほどまでに大きかったのです。

人間関係のトラブルによって脳が大きなダメージを…

60代女性Oさんの脳ドックデータ

初回検診時

	(mℓ)		左	右
灰白質体積	541.9	前頭葉の灰白質体積	65.0	67.7
白質体積	457.5	側頭葉の灰白質体積	50.4	51.8
脳脊髄液量	**237.6**	頭頂葉の灰白質体積	42.2	42.4
全脳体積	999.5	後頭葉の灰白質体積	28.2	30.2
頭蓋内体積	1237.0			

1年後の検診時

	(mℓ)		左	右
灰白質体積	528.9	前頭葉の灰白質体積	63.3	65.8
白質体積	458.0	側頭葉の灰白質体積	49.1	50.5
脳脊髄液量	**247.4**	頭頂葉の灰白質体積	40.5	41.2
全脳体積	986.9	後頭葉の灰白質体積	27.5	29.3
頭蓋内体積	1234.2			

約1年間で脳脊髄液量が9.8mℓ増加(脳容積減少)!

メンタルの不調やストレスが脳萎縮に直結するということを示す顕著な例。できれば仕事の環境を変えるか、難しい場合はストレスを少しでも減らせるような工夫を。

頭蓋骨内には、脳そのものと、脳と骨とのすき間を満たす脳脊髄液が存在している。脳脊髄液が減少しているということは、相対的に脳容積が増加していることを意味する。体積は推定値なので補正する必要がある。脳脊髄液量は再現性が高く補正の必要がほぼないので、このデータで判断している。

幸福は脳容積を増やす一方で、不幸は脳を萎縮させます。

真逆のパターンを示すYさんとOさんの例を見て、脳がいかに繊細なものであるか、おおいに理解できたことでしょう。

嫌なことは全部無視しても構わない

これまでの内容を踏まえて、ひとつクイズをお出しします。

脳萎縮と白質病変の発生を食い止めるため、ひいては運転脳をケアするために、推奨される行為を次に挙げる項目のなかから選択してください。

複数回答OK。該当すると思う項目は、いくつ選んでいただいても構いません。

①孫と遊ぶ

②家族と旅行に出かける
③ペットとたわむれる
④仲の良い旧友に会う
⑤大好物を食べる
⑥静かな部屋やお風呂などでリラックスする
⑦本、テレビ、ネットなどで新たな知識を得る
⑧大好きな趣味に没頭する
⑨やりがいを感じている仕事に勤しむ
⑩多くの人に喜ばれるボランティア活動に参加する

答えを発表する前にお断りしておくと、唯一無二の正解はありません。同じ項目でも、人によって該当すると思う、思わないの違いが生じる可能性があります。

例えば、お孫さんとの関係があまり良くなかったり、動物が苦手だったり、お風呂

が嫌いだったり、という人もなかにはいるでしょう。その場合、お孫さんも、動物も、お風呂も大好きという人とは、答えが真逆になってしまいますからね。

しかし、「一般論として」「主観を抜きにして多数派を選ぶとしたら」という前提を設けたらどうでしょうか。おそらく、満場一致の答えになると思います。

そうです。その場合の正解は、

「①～⑩の全部」です。

私は意図的に、幸福感を得やすい行為だけをピックアップして並べました。つまり、クイズというスタイルを採用しつつ、その裏に「できれば、これをやりましょう」というメッセージをしのばせていたということです。

パーフェクトを目指す必要はありません。できること、やりたいことだけで問題なし。自らどんどん進んで、幸福になれるシーンに身を置くようにしましょう。そこで生まれる笑顔のぶんだけ、運転脳はケアされているのです。
嫌なことは、できる限り無視するスタンスを貫きたいですね。

【スマホの新たな機能をひとつ覚える】　難易度★★☆☆☆

ＬＩＮＥを使っていることに満足してはダメ

これまで再三にわたり、みなさんにクイズを出したり、考えをお尋ねしたりしてきましたが、今度は逆に私がみなさんの頭の中、状況、行動などを想像し、質問する前に当ててみせたいと思います。

ほとんどの人がスマートフォンをお持ちですよね。

「ガラケーは卒業した」
「電話をするだけでなく、ちゃんと文字も打てる」
「ＬＩＮＥのスタンプも覚えた」
「ＹｏｕＴｕｂｅだって見ている」

「カメラを使うことも多い」

そうやって、胸を張っている人も多いでしょう。

ただ、それで満足しているのではないでしょうか。スマホが全世界的、全世代的に普及したことにより、**高齢者のスマホ所有率が上がった現在、たいていの人はそれくらいの操作はできます。**

使ってはいるけれど、使いこなしてはいない――おそらくみなさんは、そんな状況のはずです。

長く安全運転を続けたいと思っている人には、そこでストップせず、もう一歩前に進む向上心を持っていただきたい！

私はそのように考えます。

「今、使っている機能だけでじゅうぶん」

「これ以上覚えるのは面倒くさい」

ここからの脱却を図りましょう。

スマホの新たな機能を覚えることのメリットを挙げだしたらきりがありません。

これまでにない知識を頭に入れ、初めてとなる操作を行うので、当然脳に刺激を与えることができます。

新たな機能を覚える際には、ぜひともお子さんやお孫さんの力を借りましょう。人とのコミュニケーションが増えると、幸福感がアップします。

新たな機能を覚え、しっかり使いこなせるようになったら、脳が活性化されると同時に、満足感と自己肯定感が上がります。

このように、何もかもいいことずくめなのです。

例えば、カメラ機能を使っていても、写真を撮りっぱなしにしていないでしょうか。その場合、まったく写真が整理されていないので、あとで振り返るときに不便です。

でも、お気に入りの写真にチェックマークを入れることもできますし、テーマや人間関係ごとにアルバムを作成して仕分けすることもできます。そうすれば、写真の管理がしやすくなり、見たい写真をすぐに探せるようになるでしょう。

LINEにしても、アカウントを教え合って1対1でトークのやり取りをするだけでなく、自分でグループを作れるようになったら、複数人の仲間とスマホ上で同時にコミュニケーションをとることができ、さらに世界は広がります。

GPSを利用して、相手に自分のいる場所を伝える機能も便利です。その様子を見た仲間から「すごいね」とほめられ、幸福感はさらに上がります。

このほか、地図アプリ、公共交通機関の乗換案内アプリ、目覚まし時計にもなってくれる時計アプリなど、普段の生活に役立つアプリはたくさんあります。

そしてゆくゆくは、スマホを使った

脳も大喜びするスマホを使った
キャッシュレス決済の達成感!

キャッシュレス決済にもチャレンジしたいですね。買い物を終えた瞬間、この上ない達成感を得ることができるでしょう。脳はもちろん、大喜びです。

駆け足であれもこれもと紹介してきたので、難しい印象を受けたかもしれませんが、私は全部をいっぺんに習得することを推奨しているわけではありません。**今まで使ってこなかった新たな機能をひとつ覚えるだけでOK。それが、大きな一歩になります**。苦にならないレベルのものから挑戦していき、慣れるにしたがって、ひとつずつ増やしていくことができれば最高です。

生活を快適にしながら、運転脳をケアできる――まさに一石二鳥ですからね。

【ゲームをする（できれば複数人で）】 難易度★★☆☆☆

ゲームは若い人だけのものではない！

【質問①】スマホゲームでよく遊びますか。

遊んでいる人、いいですね。どんどん続けましょう。そして、たくさん頭を使って脳を活性化させてください。ゲームの種類は問いません。パズル系、アクション系、リズム系、なんでも結構。対戦形式のゲームも大歓迎です。

スマホゲームで遊ぶことは、前項で推奨した「スマホで新たな機能を覚える」にも関連してくるので、止める理由はありません。

アクション系は、とくに高齢者の場合に脳を活性化させることが、最も有名な科学雑誌のひとつの『Nature』で2013年に報告されています。

その実験で使用されたゲームは、なんとニューロレーサーという車を運転するゲームでした。ゲームで脳が鍛えられることや、高齢者の脳でも若者と同様に可塑性が高いことが初めて示され、世界中に衝撃を与えました。

ただし、何ごともやりすぎ、ハマりすぎにはご注意を！

しっかり、時間の節度を守りましょう。もうみなさん、子どもではないので釈迦に説法かもしれませんが。

【質問②】麻雀が趣味の人はいますか。

麻雀もおおいにおすすめできます。相手が3人いるので、同時に複数のことを考えなければなりません。考えるだけでなく、指先も使います。相手との会話も必要となり、コミュニケーションが生まれます。こちらも運転脳ケアにはぴったりです。

このほか、**将棋、囲碁、チェスなど、対戦型ボードゲームならなんでも推奨できます**。いずれも、勝つための最善策を頭の中で練る必要がありますし、負けた場合は「次はどうすれば勝てるか」に意識が向きます。ボーッとしている暇はありません。

【質問③】介護施設のレクリエーションに参加していますか。

参加している人はそのまま続けましょう。おもに認知症対策として**介護施設で導入されるレクリエーションやゲームは、頭を使い、体を使い、手先や足先を使い、相手とのコミュニケーションを図り、という具合に、内容が考え抜かれています**。

どれも無駄がなく、効果的。楽しい遊びばかりなので、おのずと笑顔になることも増えるでしょう。ほかにも、あやとり、お手玉、けん玉などのレトロな遊びも、頭と指先を同時に使うのでおすすめできます。

自宅から介護施設まで歩いて行ける距離なら、ウォーキングも兼ねるとベターです。

【質問④】クイズや謎解きは好きですか。

好きな人は、張りきって取り組みましょう。イメージどおり、**クイズや謎解きは、脳のリハビリに直結します**。問題を参照するのは、本からでもいいですし、スマホやパソコンからでも構いません。

あえて難問に挑戦する必要はないです。易しいものでもOK。解けないでストレスを感じるよりも、解けて達成感を得られるほうがいいに決まっています。

まったく手応えがないのは困りものなので、易しすぎず、難しすぎない、自分に合ったレベルの問題を探すようにしましょう。

そして、**裏技というか、奇策というか、意外な方法として公営競技の予想もおすすめできます**。競馬、競輪、ボートレース、オートレース。これらの予想は、クイズのように決まった正解があるわけではなく、さまざまなファクターを重ねて検討しなければならないので、脳をフル回転させることが求められます。

実際にお金を賭けるとなれば、より真剣に取り組むようになるでしょう。

もちろん、身を滅ぼしては元も子もないので「適度に楽しむ」が大前提になりますが、すでに嗜んでいる人や、ギャンブルに抵抗感のない人は、楽しみながら頭を使ってみてください。これも確実に、運転脳をケアする効果があります。

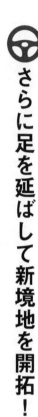

さらに足を延ばして新境地を開拓！

このように、ゲームには多くのメリットがあるのです。厚生労働省も、長期的な効果は不明としながらも、先に紹介したゲームの多くに認知機能の低下を抑制する可能性があることを認めています。

運転脳を衰えさせたくなかったら、脳の活性化、運動の実践、コミュニケーションの促進などを図れるこれらのゲームに、積極的に取り組むべきでしょう。

また、**手芸、絵画、歌詠み（和歌・俳句・川柳）、ガーデニングなどの知的活動も、頭や手先を同時に使うので、ゲームと並行して行うことが推奨されます**。第1章で趣味を持つことの大切さを強調したように、期待できる効果は大きいです。

多趣味の人は脳も体も衰えにくい傾向にあります。みなさんも、興味があればたくさんのことにチャレンジしてみましょう。

そして、対象が都市部やその周辺にお住まいの人にある程度限られてしまうかもしれませんし、難易度でいうと★3つレベルに相当しますが、可能ならやってみていただきたいことがあります。

それは「ゲームセンターやアミューズメント施設に行く」です。そこで、ゲームをプレーしましょう。

「どうしてゲームセンターなの？　自宅や集会所や介護施設じゃダメなの？」

そう思われる人もいるかもしれませんが、明確な理由があります。自宅や集会所や介護施設ではダメということではなく、そこでしかプレーできないものがあるから、ゲームセンターに足を運んでいただきたいのです。

例えば、モグラたたきゲーム。あれはけっこう体を動かしますよね。次にどの穴からモグラが出てくるか、頭を働かせて予測しますし、出てきたら即座にハンマーで叩く瞬発力も求められます。当然、動体視力も鍛えられます。

高齢者でもプレーできる。でも、頭にも体にも適度に負荷がかかり、意外にハード――それがモグラたたきゲームです。

ゲームセンターで孫と競いながら、
楽しく瞬発力や動体視力を強化！

現在は生産終了して数が減りつつありますが、正面の穴からワニが飛び出てくる「ワニワニパニック」という似たようなゲームもあります。

いちばんいいのは、お孫さんを連れてゲームセンターに行くこと。それだけで幸福感アップは間違いないですし、これまた瞬発力と動体視力が鍵を握るエアホッケーのような対戦型のゲームを一緒に楽しむこともできます。

「ゲームセンターなんて、もう何十年も行っていない」

そういう人こそ、久々に訪れてみてはいかがでしょうか。地域によっては高齢者の憩いの場になっているようなお店もあるようですし、行ってみたら新たな出会いや発見があるかもしれないですからね。

【スポーツをする】 難易度★★★☆☆

運転脳をケアするための理想的なスポーツはこれ！

この本のメインターゲットは、高齢ドライバーとその家族のみなさんです。年齢的

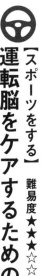

なことを考えても、ハードな運動を推奨する気はいっさいありません。

世の中には、陸上の世界大会に出場したり、ギネスブックに載るような記録を出したりするハイパーシニアもいらっしゃいますが、ああいう人たちは例外中の例外。普通に過ごされているみなさんが、目指す必要はありません。

とはいえ、「体に無理のない範囲で」という条件つきであれば、やはり運動やスポーツはおすすめできます。体を動かすことは、運転脳をケアすることに直結するからです。

では、脳神経外科医であり、認知症専門医であり、自動車運転外来と脳ドックを主宰する私が、個人的に最も推奨しているスポーツはなんでしょうか。

次の4つのなかからお選びください。

①野球

②水泳

③卓球

④ゴルフ

「個人的に」としたのには理由があります。

どのスポーツも脳にいいことは間違いないものの、一長一短の面があり、明確な順位づけはできないから。

運転脳に与える効果について、すべてのスポーツが専門的に研究されているわけではないから。

このふたつです。

だから私は、しっかりと研究がなされ、エビデンスがあるものを答えに設定させていただきました。これはかなりの難問だと思うので、早速結論をお伝えしましょう。

正解は、「③卓球」です。

卓球は、足と手を俊敏に動かさないと、ボールを打ち返せません。その前に、上下左右に動くボールを、瞬時に目で追う必要があります。

そして、相手がどこにボールを打ってくるかを読まないと、試合を有利に進めることができません。ダブルスであれば、パートナーとのコミュニケーションが重要になってきます。

そうなのです。**卓球には運転脳をケアするための要素が、すべて凝縮されている**のです。

私は「卓球に要求される瞬発的な認知・予測・判断が、自動車のとっさの安全運転操作には不可欠」と考え、卓球用品総合メーカーの株式会社タマスと東京工業大学の協力のもと、次のような実験を行いました。

卓球経験がまったくない、もしくは乏しい男女27人に集まっていただき、3週間の卓球トレーニング（週に2回の卓球場での90分間訓練＋自宅での課題訓練）を遂行。トレーニング前後における、脳構造の変化ならびにドライビングシミュレーターの成績を比較検討したのです。

すると、**卓球トレーニングによって、脳領域間の結合度が増え、ドライビングシミュレーターによる安全確認度や走行車両のポジショニングがよくなっていることが認められました。つまり、卓球による安全運転能力の向上が示唆された**ということです。

私が卓球を強く推奨する理由が、おわかりいただけたのではないでしょうか。

もちろん、卓球をするには施設、道具、相手が必要になります。誰もがすぐに実践できるとは限りません。

卓球は個人的にはベストの選択だと思っていますが、マストではないので、できないからといって不安になることはないです。

どんなスポーツ（できれば動いているボールを扱うスポーツ）に取り組んでも、確実に運転脳の強化につながります。体を動かすのが好きな人は、オーバーワークにならない程度に、何かしらのスポーツにトライしてみてはいかがでしょう。

また、スポーツのカテゴリーに入るかどうかは微妙ですが、私は渓流釣りもおすすめしています。平面ではなく、高低差のある場所で行うので、空間認知能力を鍛える効果があると考えられるからです。

自然の多い高知県では渓流釣りを楽しんでいる人が多いのですが、おそらく空間認知能力をつかさどる頭頂葉が日ごろから刺激されているのでしょう。**脳ドックを受診する渓流釣り愛好家の頭部ＭＲＩの画像（脳の状態）はものすごくきれい**です。

卓球同様、興味があって条件的に実践可能な人は、ぜひ渓流釣りも試してみてください。

第3章

あなたの運転脳の老化度がわかる診断

安全運転を阻害する原因に鋭くアプローチ！

何か問題が発生し、それを解決しようとするとき。あるいは、現状をより良い方向に改善しようとするとき。人は行動を起こしますが、無策で臨んではすぐにいい結果は得られないでしょう。

素早く、有意義に、効率よく事を運ぶためには、明確なプランが不可欠になります。平たくいうと、傾向を分析し、対策を練り、理想的な方法を考え、それを確実に実行に移すことが大切ということです。

みなさんの場合はどうでしょう。

求めるもの、目的は「長く安全運転を続けること」（結果）です。

それを阻害するのが「加齢によって起こる運転脳や身体機能の衰え」（原因）です。

当然、原因となっている部分を取り除くこと、もしくはこれ以上悪くしないようにすること、すなわち「運転脳ケア」が急務になります。

私は序章にて、高齢ドライバーの安全運転を妨げる原因、すなわち事故への影響度合いの大きいファクターとして、次の5つを挙げました。

①危険の察知
②マルチタスク能力
③位置・空間認識
④感情コントロール
⑤視覚・聴覚機能

長く安全運転を続けることを実現させるためには、この5つを強化していかなければなりません。すでに衰えの認められる人はもちろん、現状は問題のない人でも予防のために、これらの能力を衰えさせないように努めることが推奨されます。

そして言わずもがな、みなさんの状態には個人差があります。

①から⑤まで満遍《まんべん》なく、衰えが見られる人。

②と③が少々怪しくなってきている人。

おおむね問題はないものの、①にだけ不安のある人。

このような具合です。

よって私は、項目ごとのリスクの度合いを測るためのチェックリストを用意しました。これは、内閣府が作成した「高齢運転者のための運転行動チェックリスト」を参考に、若干のアレンジを加えてコンパクトにまとめたものです。

①~⑤について、それぞれ5つの質問に答え、いくつ該当するかをカウントしてください。数が多ければ多いほど、そのファクターの危険度が高いことになります。そして状況を改善させるために、結果に応じてベストの対策を講じていく必要があります。

それでは早速、チェックを行っていきましょう。

①危険の察知

☑ 最近、右左折時に周囲にいた歩行者や自転車に気づかず、ヒヤリとしたことがあった

☑ 発進や車線変更、曲がる際に安全確認不足でヒヤリとすることが増えた

☑ 信号のない交差点で、出合い頭の事故に遭いそうになったことがある

☑ 以前と比べて、車間距離が狭くなった

☑ ぼんやりしたり、わき見が多かったりして運転に集中できないことが増えた

該当数
⇒ □ 個

②マルチタスク能力

- 以前と比べて急発進や急ブレーキ、急ハンドルなどが増えた
- 幹線道路や高速道路への合流が苦手になった
- 高速道路を利用することが苦手になった
- 道路や周囲の交通に合わせて速度を調節することが難しくなった
- アクセルとブレーキを踏み間違えたことがある

該当数
⇒　　個

③位置・空間認識

- 車間距離が安全に維持できない
  （前の車から離れすぎたり、近づきすぎたりする）
- 場所や道順がわからなくなる
- 車庫入れ（指定枠内への駐車）がうまくできず、時間がかかることが増えた
- 最近、気がついたらセンターラインを越えて走行していたことがある
- 最近、車庫入れや狭い道で壁やフェンスに車体をこすったことがある

該当数
⇒ □ 個

④感情コントロール

☑ 運転中にささいなことでイライラすることが増えた

☑ 最近、怒りっぽくなったと家族によく言われる

☑ 片側1車線の道路でゆっくりと運転する車の後ろにつき、追い越そうとする衝動に駆られた

☑ 狭い道や障害物のある道で、狭い区間を先に抜けようと対向車と争った

☑ 通過する交差点の信号が黄色になるのを見て急加速をした

該当数 ⇒ [ ] 個

⑤視覚・聴覚機能

- 歩いていて、人や車が急に現れてぶつかりそうになった
- 運転中に信号を見るために顔を見上げるようになった
- 昼間はまぶしく、夕方は見えにくくなった
- 以前と比べて、
運転中に目が疲れやすくなった
- 最近、テレビのボリュームを
大きくするようになった

該当数
⇒ 　　個

こうしてあなたの運転脳は衰えていく

いかがでしたか。

「ほぼ想像どおりだった」か、「思っていたよりもましだった」か、あるいは「予想以上にひどかった」か。

いずれにせよ、**ひとつでもチェックがついた人は、このままほったらかしにしておいてはいけません**。

具体的な対策を講じる前に、まずは「なぜそうなるのか」について理解しておきましょう。各項目の衰えが発生する理由ならびに特徴は次のとおりです。

【危険の察知】

人間は加齢にともない、脳機能も身体機能も徐々に衰えていくものですが、危険を察知した際に体が反応するスピードは、思いのほか落ちません。「これは危ないな」と感じたとき、よけたり、防御したり、動きを止めたり、声を発したり、ということは、いくつになってもわりと素早くできるものなのです。これは少々意外だったのではないでしょうか。

ただし、それは危険をしっかり察知することができればの話。

年を重ねると、目の前の現象や存在が視界に入っていても、それを危険と認識することがどんどんできなくなっていきます。

網膜には映っている。でも、脳は「それを見ている」と認識していない、あるいは見えていても「それは危険」ととらえていない――そんな現象が起こるようになるのです。

危険を察知できなくなると、とくに信号のない交差点などで事故を起こしやすくなります。一時停止し、左右を確認し、進入しようとしている交差道路を走る車の存在が見えていても、それを危険と認識せずに前に進んでしまって出合い頭の衝突事故を起こす、というのが典型的なパターンです。

【マルチタスク能力】

マルチタスクとは、複数の作業を同時に、もしくは短時間に連続して行うことをいいます。

ウインカーを出し、ハンドルを切りながら曲がる。

標識や信号を見て、必要に応じてアクセルやブレーキを踏む。

周りの車の動きに合わせて、車線変更をする。

前後左右の状況を確認しつつ、バックで車庫入れをする。

自動車の運転は、まさにマルチタスクの集合体といっても過言ではありません。そして**この能力の衰えには、加齢や生活習慣の乱れなどに端を発する脳萎縮や白質病変が大きく影響**します。これらの症状が進むと脳回路が悪化するので、危険を予測・判断し、危険回避動作を行うことがスムーズにできなくなるのです。
仮に危険を察知することができ、脳が即座に反応してそれを回避しようとする命令が発信されても、体にうまく伝えることができなくなります。それがブレーキとアクセルの踏み間違いや、ハンドルの切り遅れなどにつながり、事故を起こすのです。

【位置・空間認識】

これまで再三にわたって脳萎縮の話をしてきました。対象としていたのは脳の容積全体ですが、脳の個別の部位に視点を移して、萎縮が安全運転を妨げるファクターになり得るケースを挙げることもできます。

とくに注目したいのは、位置・空間認識に大きく関係する頭頂葉です。
脳には、3本の脳動脈（前大脳動脈、中大脳動脈、後大脳動脈）によって血液供給が行われていますが、この3本の大血管の末端（毛細血管）がちょうど頭頂葉でつながるようになっています。頭頂葉が脳動脈血管網の分水嶺になっているので、頭頂葉は解剖学的に、構造上、血の巡りが悪いのです（アルツハイマー病は海馬の萎縮が有名ですが、頭頂葉も同時に萎縮します）。

だから、**頭頂葉は萎縮が起こりやすい**のです。加齢にともなう血管の老化はもちろん、生活習慣の乱れも萎縮を急激に促進する要因になります。

頭頂葉が萎縮し、障害が起こると空間認知力が落ち、遠くのものと近くのものの差別化を図りにくくなります。これが、逆走を引き起こす原因になりやすいということは、37ページにて述べたとおりです。

また、高速道路でサービスエリアに入ったのはいいものの、出る際に出口ルートではなく入口ルートに戻ってしまって事故を起こすという高齢ドライバーの例も報告されています。これも、おもな原因は空間認知力の低下にあると考えていいでしょう。

このように、**頭頂葉の萎縮は、安全運転を志す人にとっては死活問題**になり得るのです。

【感情コントロール】

短気で怒りっぽい。

せっかちで焦りやすい。

ビビりで慌てやすい。

自信家で慢心しやすい。

こういう性格の人は、自動車の運転に向いているとはいえません。運転が乱暴になったり、強引になったり、慌ただしくなったり、雑になったりするからです。

持って生まれた性格を変えることは難しいですが、そういう面があると自覚している人は、ハンドルを握る際は気を引き締めるようにしましょう。

そして人間は、年をとるにつれてどんどん性格が頑固になっていきます。**安全運転**

に必須なのは、慎重さと冷静さです。さらには、**自分の弱点や苦手な点を把握していること**も求められます。それがないと、相手に配慮しつつ、なおかつ自分の身を守ることを意識した丁寧な運転は実現できません。

ところが、高齢者ほどそういった要素が不足する傾向にあるのです。若いころに温厚といわれていた人でも、少なからず意固地になり、他人の言葉に耳を貸さなくなり、自己中心的になっていきます。

チェックリストの該当項目がゼロだった人でも、自分の感情の変化の有無に、普段から意識を向けたいですね。

【視覚・聴覚機能】

年をとると目が見えにくくなり、耳が聞こえにくくなる——これは当然のことです。緑内障や白内障などの目の病気も起こしやすくなります。

だから、気に病むことはありません。

しかし、こと安全運転がテーマとなると、「仕方がない」で済ますことはできない要素になります。**視覚・聴覚機能の衰えは、重大事故に直結**しますからね。仮に免許更新が認められたとしても、次の更新を迎えるまでの間に著しく機能が低下した場合は、自主返納に踏みきったほうがいいでしょう。

もうひとつ、注意していただきたいのは「眼瞼下垂《がんけんかすい》」です。これは加齢とともにまぶたが下に落ちてくる高齢者特有の現象を表す言葉で、これが起こり始めると視界が狭まり、無意識のうちに伏し目がちになります。視線が下がっていることに、自分ではなかなか気づきません。

すると、高いところに設置されている信号や標識が目に入りにくくなり、それが事故の引き金になることがあるのです。

ですので、**自動車を運転する際は、できるだけ視線を上に向けることを心がけるようにしましょう。**

以上が、安全運転にかかわる5大ファクターの特徴と衰える原因。これは、傾向と対策のうちの前者に該当します。

そうなれば、次に必要となるのは後者、すなわち対策です。

衰えつつあるあなたの運転脳を守るだけでなく、さらに鍛えて、状況を改善もしくは維持するために、できる限りのことをしていきましょう。

では、具体的に何をすればいいか。

その答えは、長く安全運転を続けたい高齢ドライバーが実践すべき運転脳強化メソッドとして、次章にわかりやすくまとめました。

主役はその中核を成す「運転脳体操」です。

すぐにページをめくり、早速実践してみてください。

第4章

「運転脳体操」であなたの運転寿命を延ばす

安全運転の鍵は頭頂葉にある楔前部《けつぜんぶ》の働きにあった!

第3章に掲載したチェックリストの結果は、いかがだったでしょうか。

まずは自分自身の改善すべき問題点を知ることができただけでも、大きな一歩といえます。どういった対策をすべきか——それが明確になったことにこそ意義があるからです。

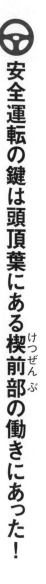

運転脳の5つのファクターはどれも安全運転をするために欠かせないものですが、もし多くの項目に該当してしまっていたとしても不安になる必要はありません。

なぜなら、**この本を手に取ってくださった読者のみなさんの「いつまでも安全運転を心がけたい」という真摯な気持ちに応えるべく開発したのが「運転脳体操」**であり、それを中心とするオリジナルの運転脳強化メソッドなのです。

私は脳ドックでの診察を通じて興味深いデータを発見しました。

2548人に協力をいただいたアンケート結果によると、大脳頭頂葉の内側面にある楔前部《けつぜんぶ》の容積が小さい人ほど、ADHD（注意欠如・多動症）の傾向が強く、交通事故を多く引き起こしているという関連性を見いだせたのです。

このエビデンスは、学術誌の『Scientific Reports』に掲載されました（2023年）。

また、自動車の製造のみならず、安全運転の研究活動にも携わる本田技術研究所は、「一般ドライバー」と「リスクミニマムの安全運転をわきまえているホンダのテストドライバー」を併せた計14人で実験を行い、その結果を2023年4月に横浜で開催された国際学会で発表しました。

その発表内容では、信号視覚刺激を与えてｆＭＲＩ（functional Magnetic

Resonance Imaging：機能的磁気共鳴画像）から両者の違いを比較したところ、ホンダのテストドライバーの脳で最も早く反応を示す部位が楔前部であり、その働きこそが安全運転に寄与していると推察しています。

この楔前部は、私たちがＡＤＨＤ傾向と事故歴との照合から見いだした脳部位でもあります。

楔前部は視覚イメージングとエピソード記憶に関係するといわれているので、楔前部が安全運転におおいに関与していても当然と思われます。

つまり、私たちが推し進めてきた脳ドック

安全運転に欠かせない脳の各部の働き

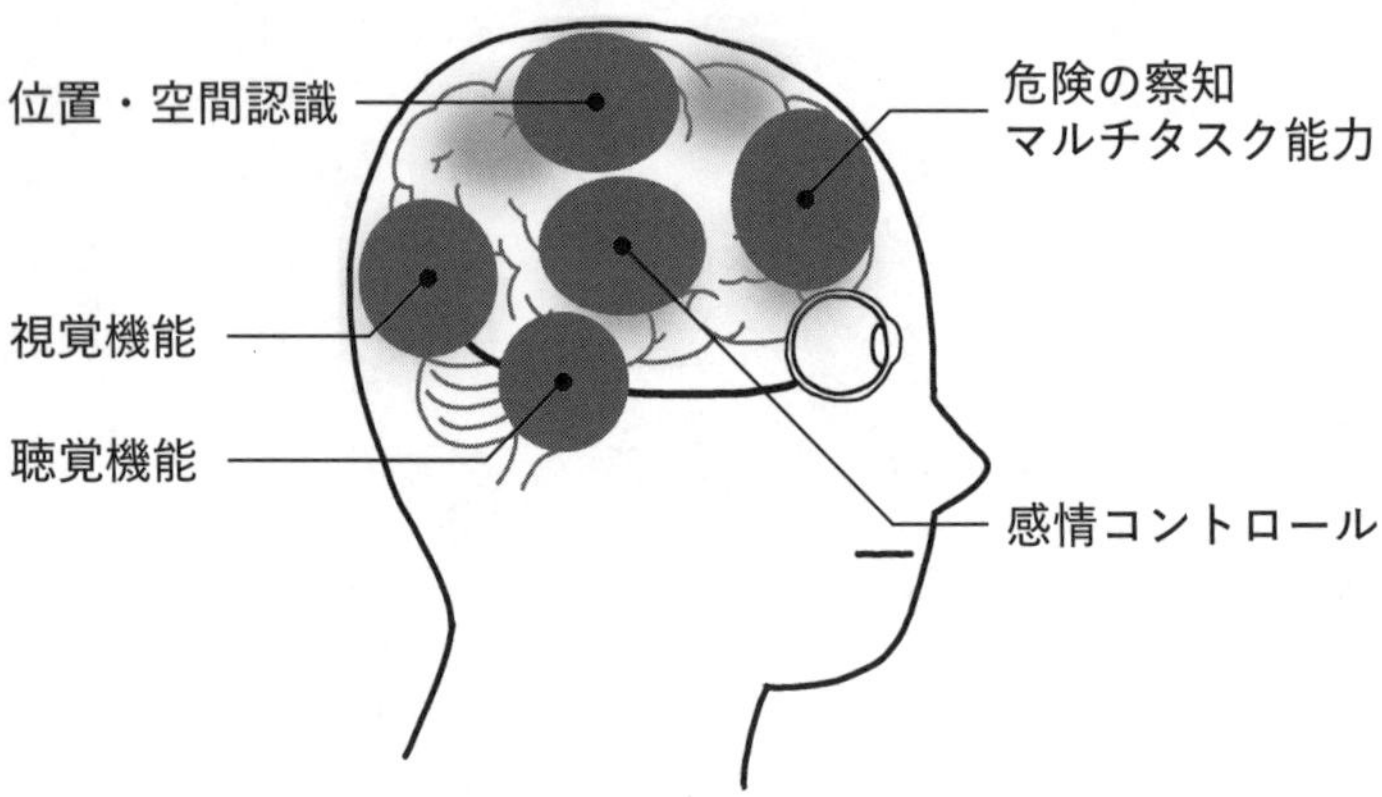

の大規模脳構造データ解析と本田技術研究所の脳機能データ解析の結果がピタリと一致したということです。

ほとんどのみなさんが、**脳の働きというと思考や行動、遂行能力をつかさどる前頭葉を鍛えようと働きかけますが、じつのところ車を運転する技術に関しては、視覚イメージングとエピソード記憶に関係する楔前部を鍛えなければならないのです。**

前章のチェックリストでも、頭頂葉の萎縮が「位置・空間認識」に多大な影響を与えることをお伝えしました。

人間は視覚によってとらえた情報と、過去にうまく運転できた、あるいはできなかったなどの経験則を瞬時に結びつけることで、適切に安全な運転が行えています。

少し難しい話が続いてしまいましたが、要するに体を動かして物事を遂行する「前頭葉」と安全運転には欠かせない楔前部が位置する「頭頂葉」の両方を鍛えることがとても大切ということです。

あえていえば、運転脳に関してはすべての脳がかかわっているといっても過言ではないため、オールインワンの脳リハが求められるといってもいいでしょう。

そういった観点からも、運転脳強化メソッドはひとりで脳の広範囲を簡単に鍛えられるものであり、本当におすすめできるリハビリテーションといえるのです！

巷では、脳トレという言葉があふれていますが、危機意識を持って治療するという心意気から、脳リハという言葉のほうがより適切かもしれないということは、第2章で説明したとおりです（105ページ）。

運転脳体操の主役「グーパー足踏み体操」で脳全体を鍛える！

前章のチェックリストの結果をもとに、各々が足りていない運転脳を重点的に鍛えることももちろん大切ですが、まずみなさんに取り組んでいただきたいのは脳全体を活性化させる「グーパー足踏み体操」です。

脳のトレーニングというものはテスト勉強と同じで、どれかひとつだけに特化して満点を取れたとしても、総合点で基準を下回ってしまっていては意味がありません。

また、脳の部位というものはそれぞれが緻密にかかわり合っているので、**すべてを平均的に鍛えることができれば、その効果は2倍、4倍と幾何級数的な成果をもたらすことが期待されます。**

例えば、文武両道という言葉が古くからあるように、運動すれば勉強の成績も良くなるということと同義です。

具体的なやり方はイラストを交えて詳しく解説していきますが、まずはうまくできなくても諦めないことが肝心。むしろ、運転脳が衰えているからこそ最初は難しく感じるのであり、次第にできるようになることが運転脳向上の証左といえるのです。

「グーパー足踏み体操」はリズミカルに！

自宅にある椅子やソファーに腰掛けて、まずはその場で軽く腕を振りながらリズムよく交互に足踏みをします。ちなみに、これはあくまでもテンポを刻むための足踏みなので、トレーニングのように足を高く上げる必要はありません。

腕は前に振るタイミングで前方に真っすぐ突き出すようにし、もう片方の腕は手と反対の胸に折りたたんで当てるようにします。このとき体の前に真っすぐ伸ばした手の形をジャンケンの「グー」、折りたたんで胸に当てた手の形をジャンケンの「パー」にします。

例えば、右腕を「グー」の形で体の前に真っすぐ伸ばしているとき、反対の左腕は

「パー」の形で折りたたんで右胸に当てた状態になります。

「グーパー足踏み体操」1セットの流れ

1. 「グー」と「パー」を8カウント
2. ❶の「グー」と「パー」を入れ替えて8カウント
3. 小休止（約10秒）
4. 「グー」と「チョキ」を8カウント
5. ❹の「グー」と「チョキ」を入れ替えて8カウント
6. 小休止（約10秒）
7. 「チョキ」と「パー」を8カウント
8. ❼の「チョキ」と「パー」を入れ替えて8カウント

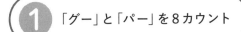

この右腕と左腕の形を足踏みのリズムに合わせて変えていくことが、「グーパー足踏み体操」の基本形として覚えてください。

「1・2・3・4・5・6・7・8」と1拍子のリズムにあわせて腕を入れ替えることが目標となります。

もし頭が混乱してしまって難しい場合は8カウントのうち「1・3・5・7」のタイミング（2拍子のリズム）で腕を入れ替えることから始めてみましょう。

ただたんに数字を数えるだけでは味気ないので、「どんぐりころころ」や「かたつむり」といったテンポの遅い2拍子の童謡を歌いながらやるのもおすすめです。

この「グーパー足踏み体操」で意識すべきは、**足の動きを止めないこと**。そして、足で刻んだ**リズムを一定のペースに保つこと**。この2つです。

足踏みの速さは問わないので、自分ができる範囲のリズムで取り組んでみてください。

この「グーパー足踏み体操」は、ジャンケンの手の形によって難易度が異なります。「グー」と「パー」の組み合わせが最も簡単で、「グー」と「チョキ」、「チョキ」と「パー」と後半になるほど難しく感じるでしょう。

とくに「チョキ」と「パー」の組み合わせは高齢者に限らず、若い人でも苦戦するほどなので、できなくても決して悲観的になる必要はありません。

最初にお伝えしたとおり、この「グーパー足踏み体操」は諦めないことが大切。**仮にジャンケンの形がうまくつくれず、途中で間違えてしまったとしても、普段使いきれていない前頭葉や頭頂葉の回路をフル稼働させているため、おのずと脳が活性化していきます。**

そして、**「いつ取り組めばいいの？」といった時間に関しては、起床してから朝食をとるまでのあいだがベスト**とお答えしておきましょう。

起きてすぐというのは、大脳の扁桃体が活性化し、運動能力や記憶力が上がりやすくなる時間とされています。

また、起床後すぐに屋外の光を浴びてから行うことも効果的。網膜から光が入ると脳に覚醒を促すセロトニンが分泌されるため、体のリズムそのものが整いやすくなります。

もちろん、人それぞれの生活リズムは異なるので、朝に取り組むことが難しい場合は自分で決めた時間で構いません。

慣れてくれば1セットを2分程度で終わらすことができるため、歯ブラシやお風呂のように日常生活の一部として「グーパー足踏み体操」が習慣化できるよう努めていきましょう。

ただし、食後だけは避けるようにしてください。

起床〜朝食前がオススメ！

脳全体を活性化させる「グーパー足踏み体操」

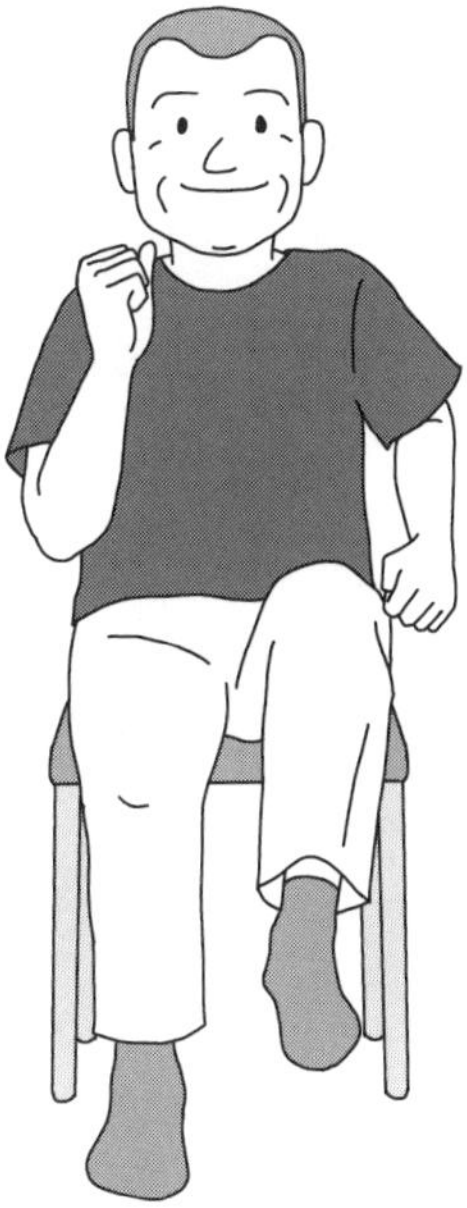

自宅にある椅子やソファーに腰掛けて、まずはその場で軽く腕を振りながらリズムよく交互に足踏みする。

POINT

あくまでもテンポを刻むためなので、足踏みは無理して足を高く上げる必要はない。

肩や足の力は抜き、体はリラックスした状態を心がける。

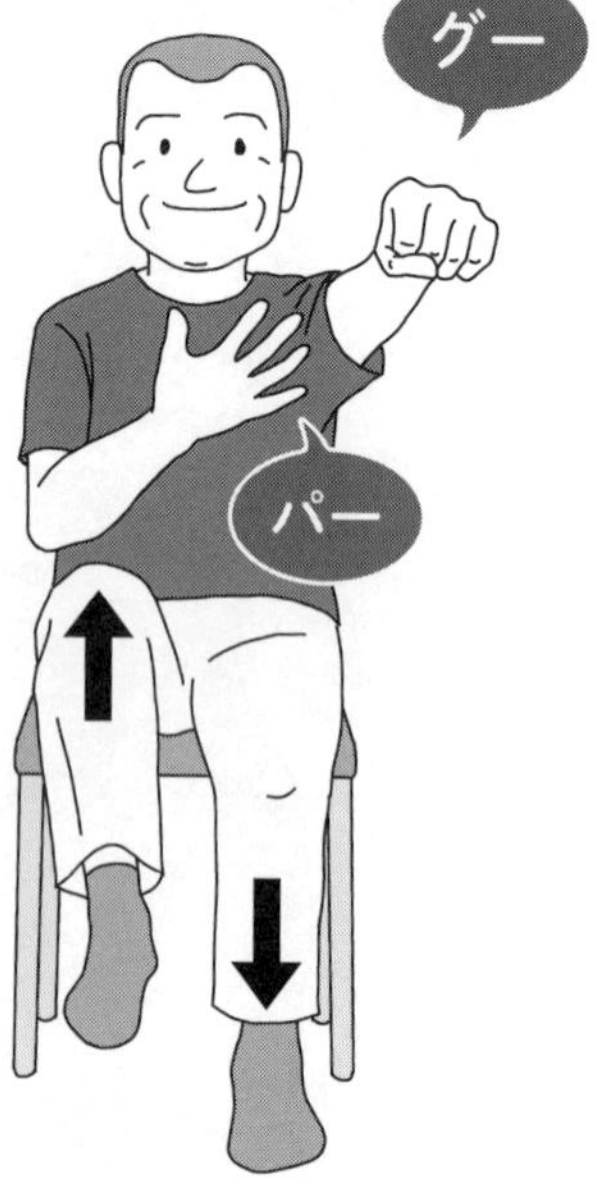

腕は前に振るタイミングで前方に真っすぐ突き出すようにし、もう片方の腕は手と反対の胸に折りたたんで当てるようにする。

このとき体の前に真っすぐ伸ばした手の形をジャンケンの「グー」、折りたたんで胸に当てた手の形をジャンケンの「パー」にする。

POINT

まずは足の動きを止めないこと！

右腕からでも左腕からでも、やりやすいほうから始めてOK！

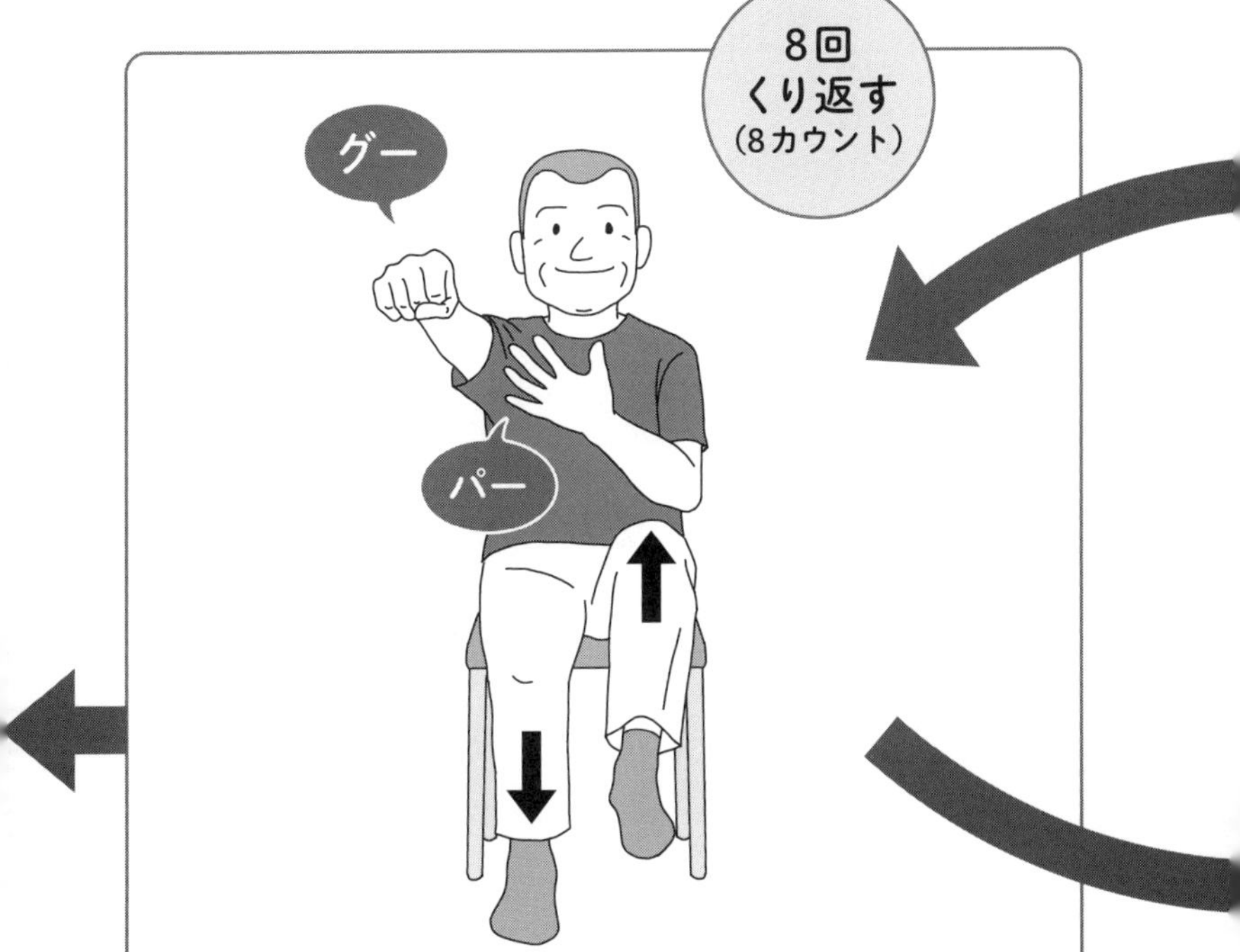

右腕と左腕の形を足踏みのリズムに合わせて入れ替える。

この右腕と左腕の形を入れ替える動きを8回（8カウント）くり返す。

POINT

足踏みの速さは問わないので、
ゆっくりでもいいからリズムを一定のペースに保つ！

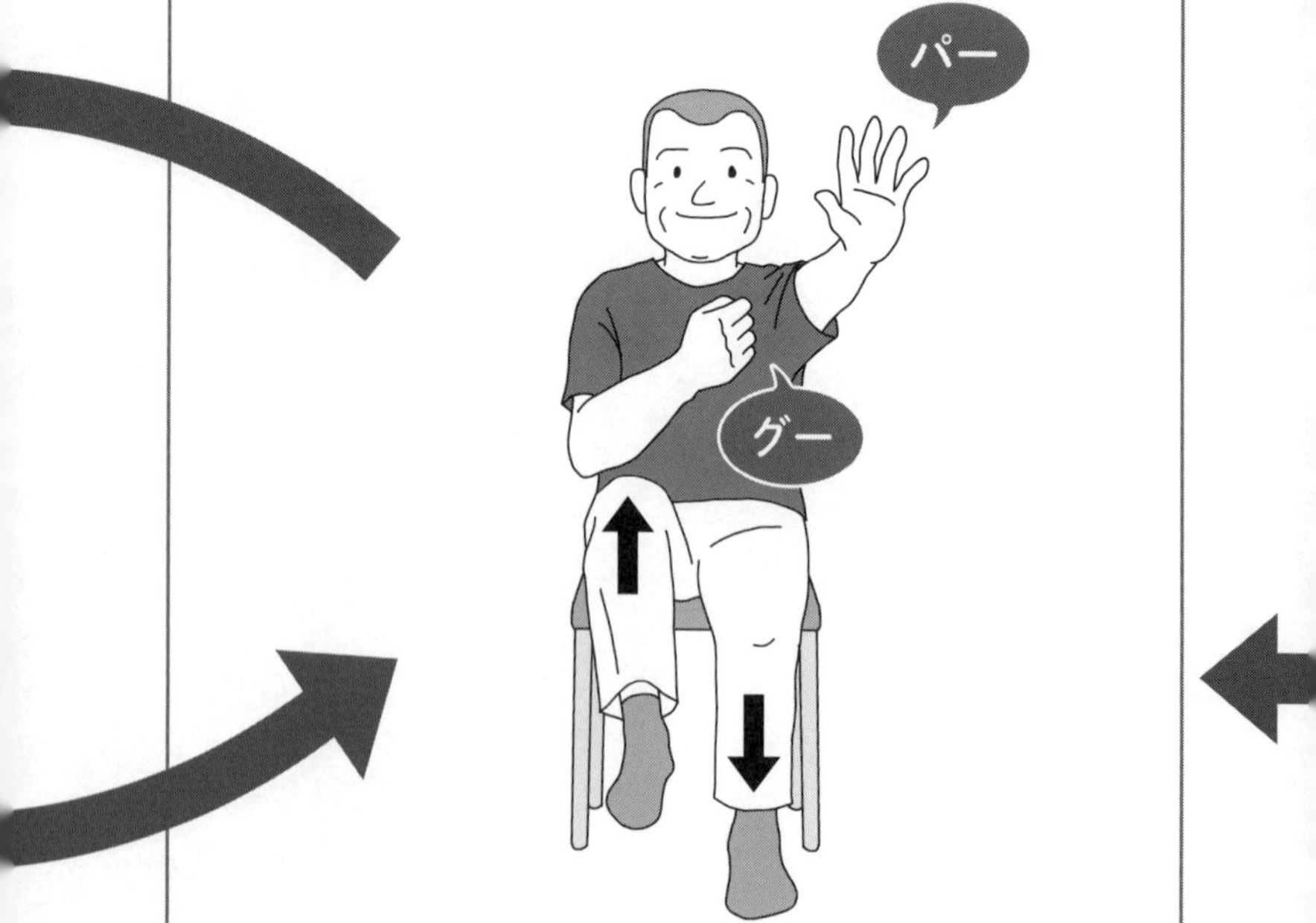

今度はジャンケンの「グー」と「パー」を入れ替えて8回(8カウント)。

体の前に真っすぐ伸ばした手の形をジャンケンの「パー」、折りたたんで胸に当てた手の形をジャンケンの「グー」にする。

POINT

頭が混乱してしまって難しい場合は、
「1・3・5・7」のタイミング(2拍子のリズム)で、
右腕と左腕を入れ替えることから始めてみましょう!

8回
くり返す
(8カウント)

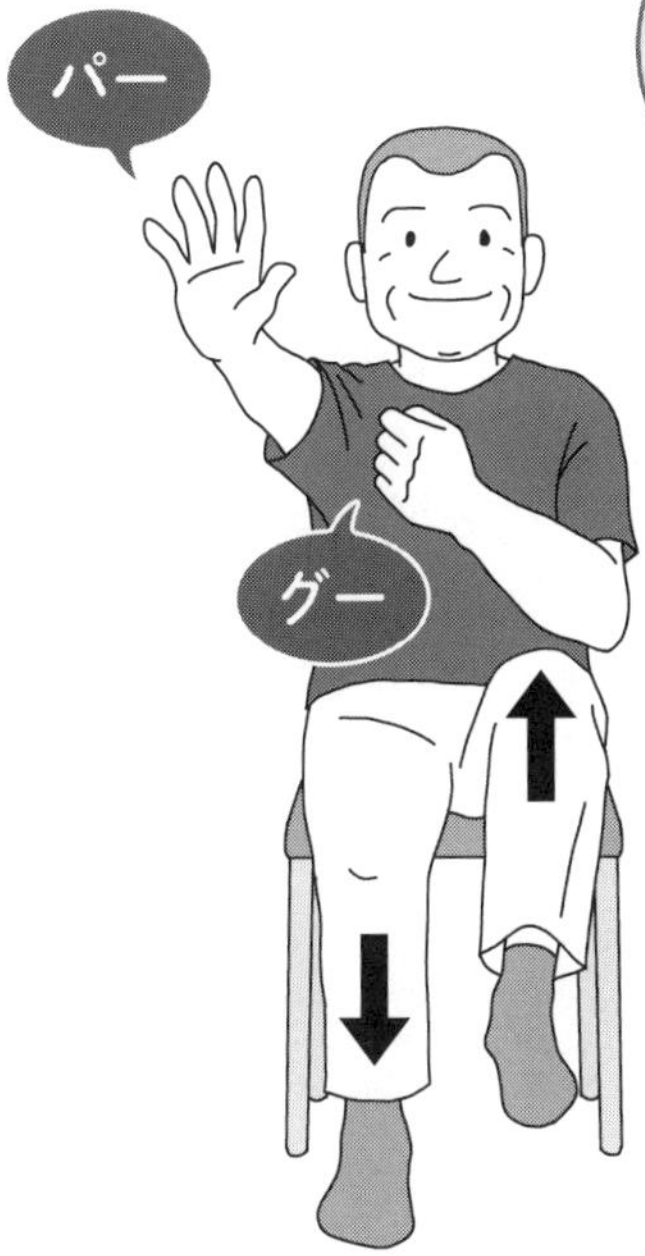

右腕と左腕の形を足踏みのリズムに合わせて入れ替える。

「グー」と「パー」を8カウント（P172～173）、
その逆の「パー」と「グー」を8カウント（P174～175）、
合計で16カウントやったら小休止（約10秒）。

小休止
(約10秒)

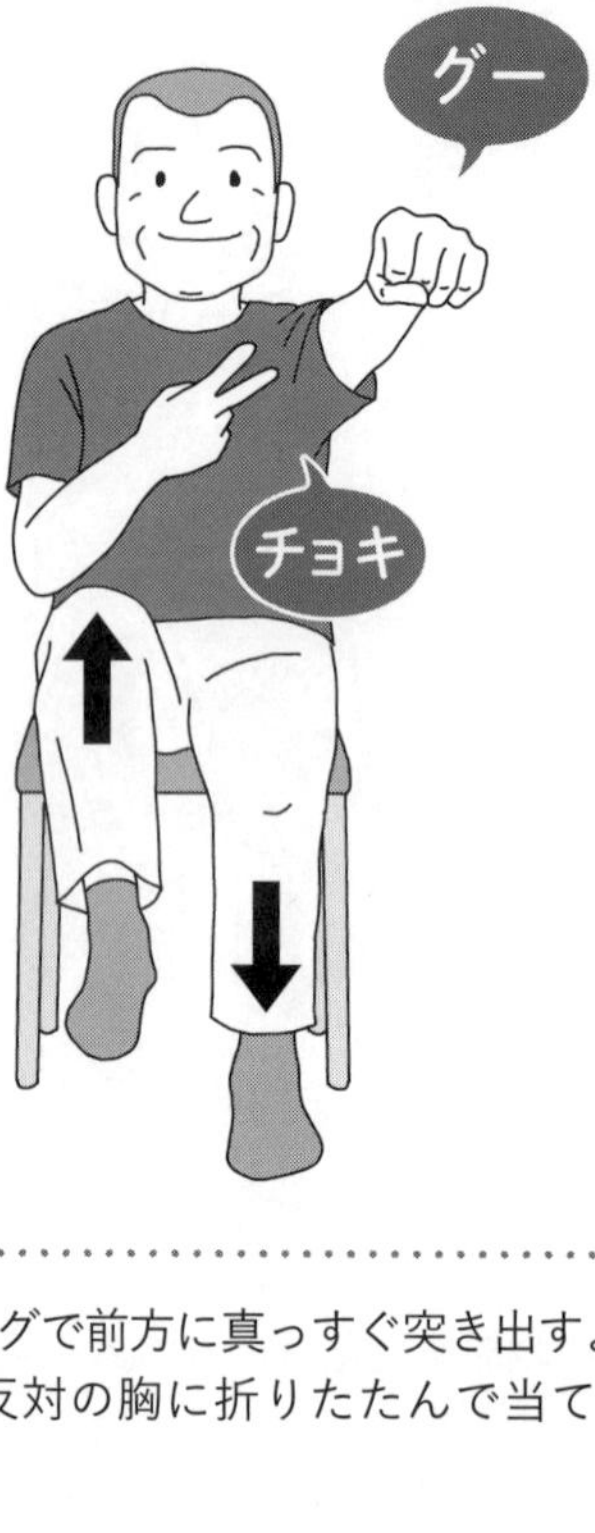

腕は前に振るタイミングで前方に真っすぐ突き出すようにし、もう片方の腕は手と反対の胸に折りたたんで当てるようにする。

このとき体の前に真っすぐ伸ばした手の形をジャンケンの「グー」、折りたたんで胸に当てた手の形をジャンケンの「チョキ」にする。

POINT

「チョキ」の形は問わないので、
いつも使っている自分なりの「チョキ」でOK！

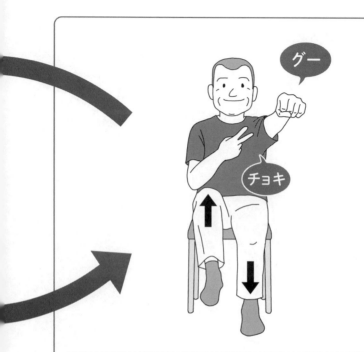

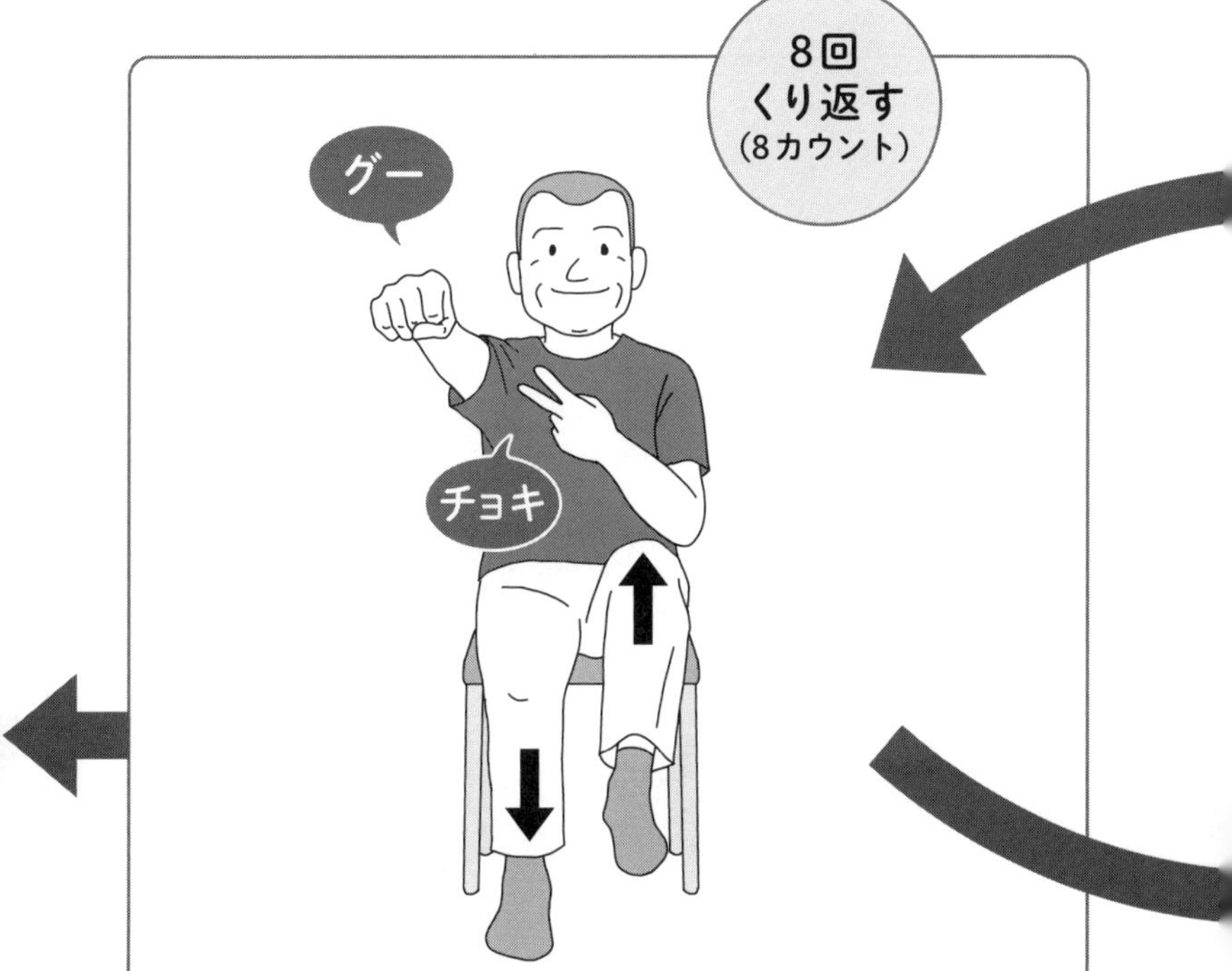

右腕と左腕の形を足踏みのリズムに合わせて入れ替える。

この右腕と左腕の形を入れ替える動きを8回（8カウント）くり返す。

POINT

「チョキ」の形が難しいため、
「グー」と「パー」の組み合わせよりも脳に効果的！

今度はジャンケンの「グー」と「チョキ」を入れ替えて8回（8カウント）。

体の前に真っすぐ伸ばした手の形をジャンケンの「チョキ」、折りたたんで胸に当てた手の形をジャンケンの「グー」にする。

POINT

途中でジャンケンの形を間違えても諦めずに続けること！

ややこしくて難しいからこそ、
前頭葉や頭頂葉の働きを活性化させることになる！

右腕と左腕の形を足踏みのリズムに合わせて入れ替える。

「グー」と「チョキ」を 8 カウント（P176 ～ 177）、
その逆の「チョキ」と「グー」を 8 カウント（P178 ～ 179）、
合計で 16 カウントやったら小休止（約 10 秒）。

小休止
（約10秒）

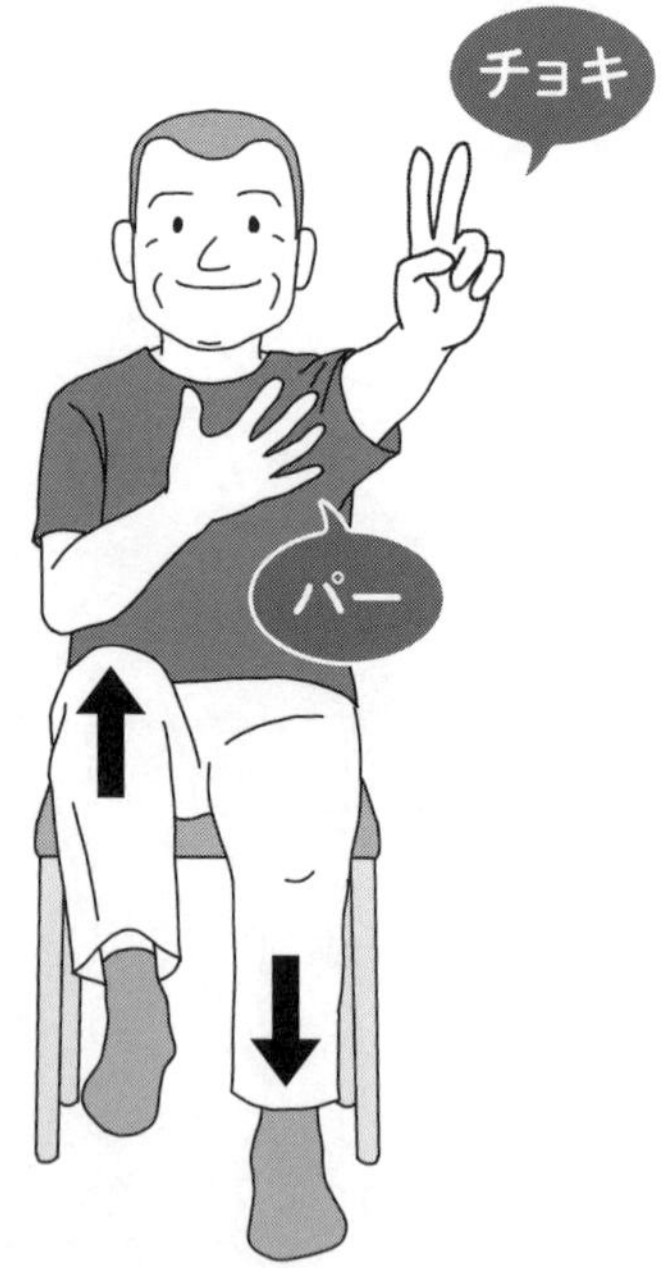

腕は前に振るタイミングで前方に真っすぐ突き出すようにし、もう片方の腕は手と反対の胸に折りたたんで当てるようにする。

このとき体の前に真っすぐ伸ばした手の形をジャンケンの「チョキ」、折りたたんで胸に当てた手の形をジャンケンの「パー」にする。

POINT

「チョキ」と「パー」はグーパー足踏み体操の最難関！

この組み合わせは若い人でも苦戦する動きなので、できるようになれば運転脳が鍛えられていることの証左となる！

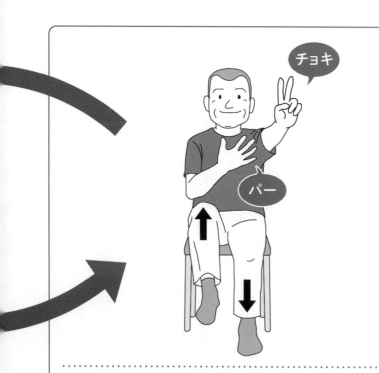

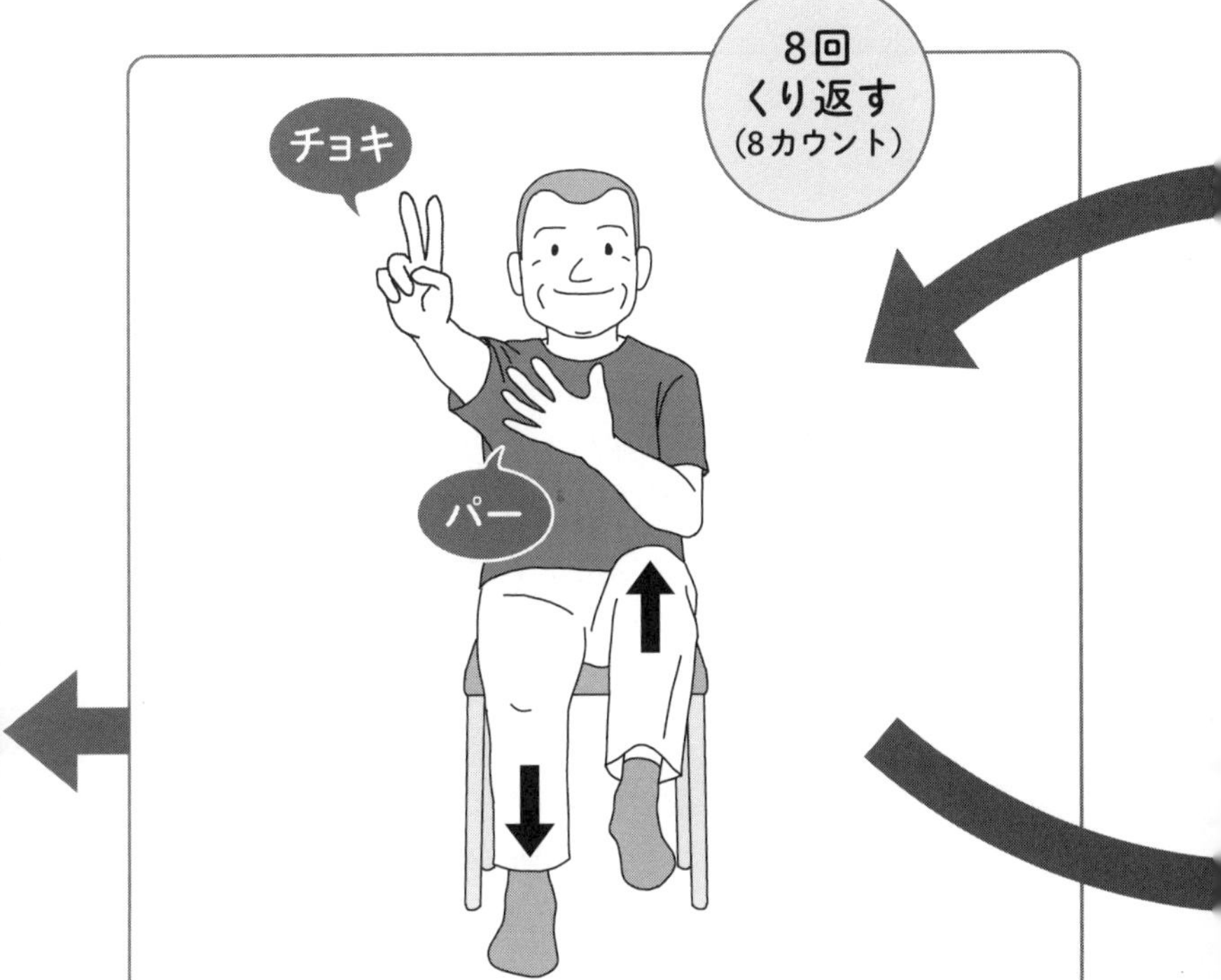

右腕と左腕の形を足踏みのリズムに合わせて入れ替える。

この右腕と左腕の形を入れ替える動きを8回（8カウント）くり返す。

POINT

テンポの遅い2拍子の動揺を歌いながらやると、
歌詞（小節）で8カウントを数えることができるため、
楽しみながら1セットのノルマをこなしやすくなる！

今度はジャンケンの「チョキ」と「パー」を入れ替えて8回（8カウント）。

体の前に真っすぐ伸ばした手の形をジャンケンの「パー」、折りたたんで胸に当てた手の形をジャンケンの「チョキ」にする。

POINT

最初は難しく感じて時間がかかるかもしれないが、
慣れてくれば1セット約2分程度で終わるようになる！

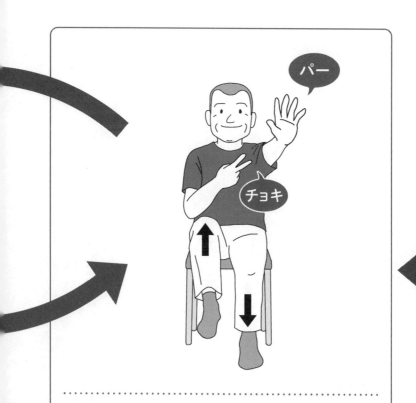

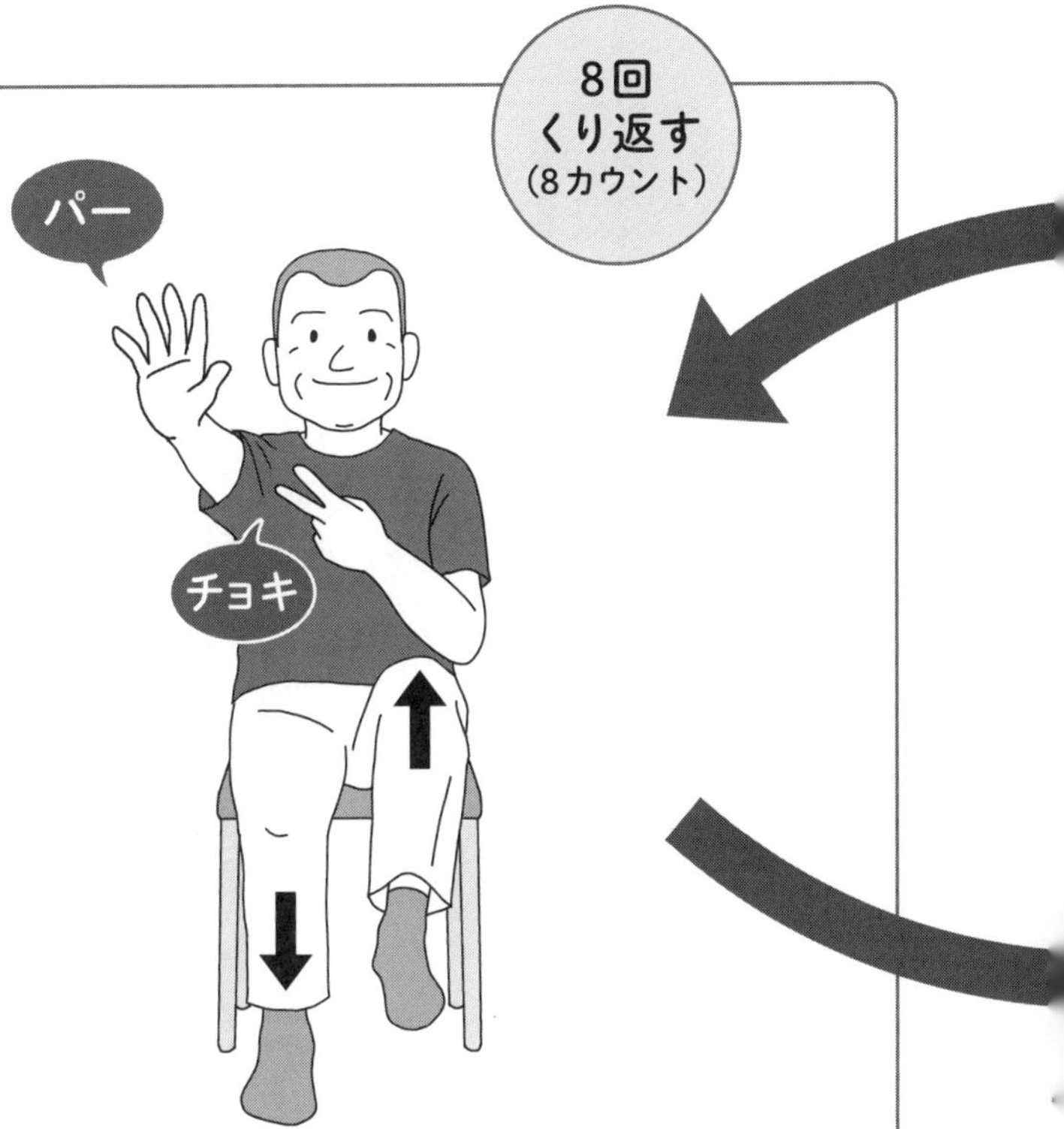

右腕と左腕の形を足踏みのリズムに合わせて入れ替える。

「チョキ」と「パー」を8カウント（P180～181）、
その逆の「パー」と「チョキ」を8カウント（P182～183）、
合計で16カウントやったら1日分のノルマ達成となる。

「グーパー足踏み体操」1セット完了！
お疲れ様でした!!

「グーパー舌まわし体操」で脳が覚醒！

みなさんはカナダの脳神経外科医ペンフィールドをご存じでしょうか。

大脳の感覚野や運動野といった部位が、それぞれ体の機能とどう対応しているのか。彼はそういった脳の機能分布図（ホムンクルス）を作成することに世界で初めて成功しました。

顔や舌、手が異様に発達した奇妙なホムンクルスは、脳がつかさどる面積を体の部位の大きさで如実に表現した姿なのです。

脳の機能分布図からも視覚的にとらえられるとおり、手と舌は上下に離れたところに位置しています。

ペンフィールドが作成した脳の機能分布図を如実に表現したホムンクルス

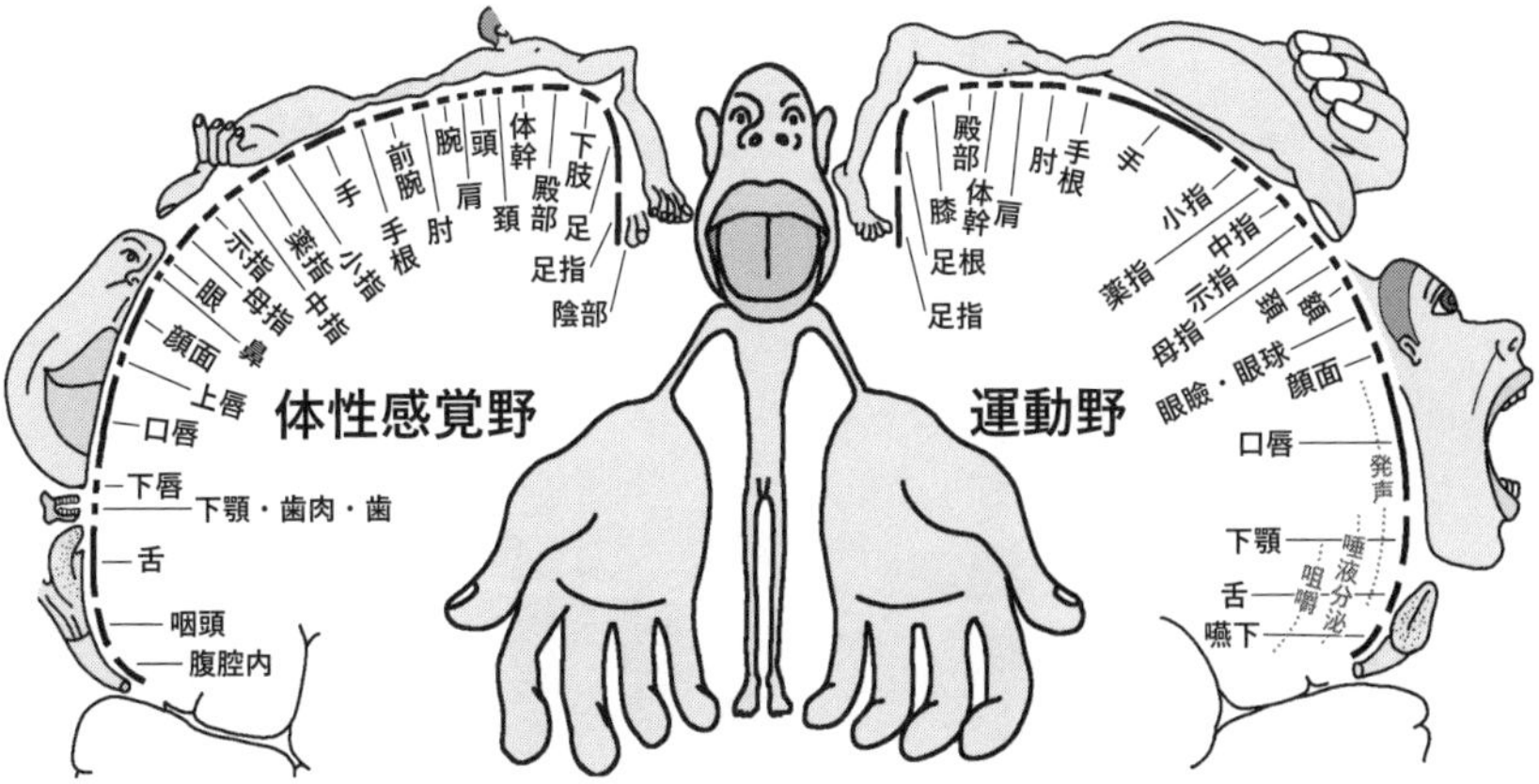

顔や舌、手が異様に発達したホムンクルスは、脳の運動野や体性感覚野に体の部位を対応させた姿。

これはカナダの脳神経外科医であるペンフィールドが、てんかん患者の手術部位を決める際に、脳を電気刺激して反応があった領域の面積に応じて描かれている。

手の動きに舌を動かすことを加えると、脳の広範囲で血流を増やす効果が見込めるので、脳活性化効果は抜群。運転脳を鍛えるばかりか、脳全体の覚醒をも促してくれるでしょう。

したがって、余裕のある人に積極的に取り組んでもらいたいのが、「運転脳体操」の上級編として紹介する「グーパー舌まわし体操」です。

大まかな流れは「グーパー足踏み体操」を踏襲することになりますが、足の代わりに舌を使うため、こちらはリズムよく行う必要はありません。

むしろ、速いスピードで連続して行うと、誤って舌を噛んでしまう危険性があるので注意しましょう。

まず、舌の出し方ですが、これはみなさんの利き手でつくっているジャンケンの形に連動させてください。右利きの人は右手と、左利きの人は左手とジャンケンであいこになり続けるようにします。

そして、舌でつくるジャンケンの形は次のとおりです。

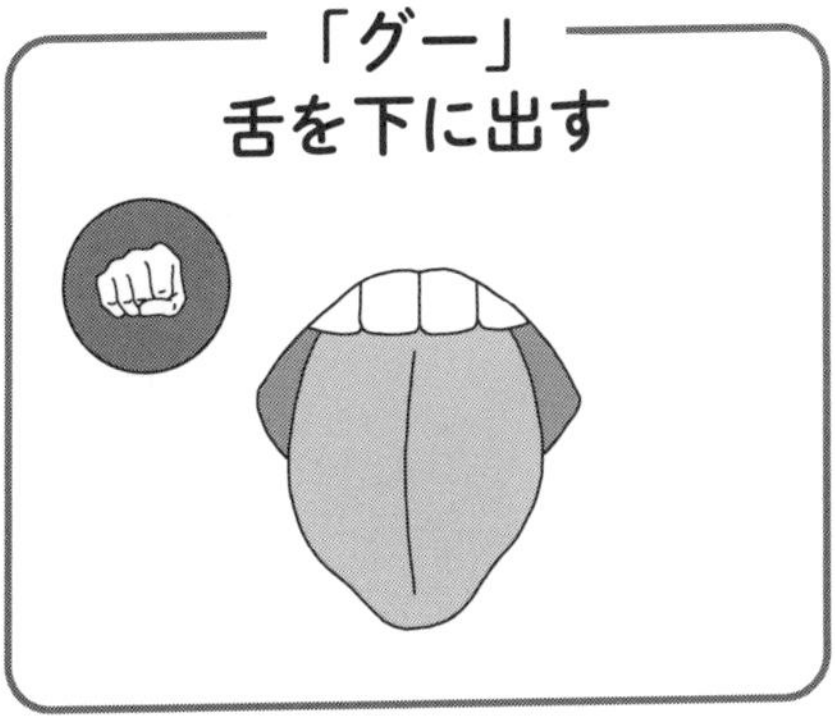

例えば、右腕を「グー」の形で体の前に真っすぐ伸ばし、左腕を「パー」の形で折りたたんで右胸に当てているとき、舌ジャンケンは右利きの人であれば「グー」（舌を下に出す）、左利きの人であれば「パー」（舌を上に出す）にします。

以前、どういった効果があるかを事前説明せず、実験的に「グーパー舌まわし体操」を試していただいたところ、複数の方から「なんだか、つむじのあたりがズキズキする」といった感想をいただいています。

これはまさに脳の頭頂葉を刺激していることに起因したものなので、私は**「運転脳体操」として「グーパー舌まわし体操」が有用**であることの確信を得ました。

「運転脳体操」は、いずれも脳の血流を増やし、その領域を活性化させることを目的に考案しているので、ぜひ「グーパー足踏み体操」と併せて「グーパー舌まわし体操」にもチャレンジしてください。

「グーパー舌まわし体操」
1セットの流れ

1 「グー」と「パー」を8回

▼

2 ❶の「グー」と「パー」を入れ替えて8回

▼

3 小休止（約10秒）

▼

4 「グー」と「チョキ」を8回

▼

5 ❹の「グー」と「チョキ」を入れ替えて8回

▼

6 小休止（約10秒）

▼

7 「チョキ」と「パー」を8回

▼

8 ❼の「チョキ」と「パー」を入れ替えて8回

運転脳体操
上級編！

脳全体の覚醒をも促す「グーパー舌まわし体操」

※イラストでは
右利きを想定

右腕を「グー」の形で体の前に真っすぐ伸ばし、
左腕を「パー」の形で折りたたんで右胸に当てる。

このとき、右利きの人であれば「グー」（舌を下に出す）、
左利きの人であれば「パー」（舌を上に出す）の舌ジャンケン
をする。

POINT

大まかなやり方は「グーパー足踏み体操」と同じ！
「グーパー舌まわし体操」では足の代わりに舌を使う。

「グーパー舌まわし体操」はリズムよく行う必要はなく、
誤って舌を噛まないよう注意しながらゆっくりと行うこと！

8回
くり返す

左腕を「グー」の形で体の前に真っすぐ伸ばし、
右腕を「パー」の形で折りたたんで左胸に当てる。

このとき、右利きの人であれば「パー」（舌を上に出す）、左利きの人であれば「グー」（舌を下に出す）の舌ジャンケンをする。

右腕と左腕の形を交互に入れ替えながら、利き手に合わせて舌ジャンケンの形も変える。これを8回くり返す。

※イラストでは右利きを想定

今度はジャンケンの「グー」と「パー」を入れ替えて８回。

右腕を「パー」の形で体の前に真っすぐ伸ばし、
左腕を「グー」の形で折りたたんで右胸に当てる。

このとき、右利きの人であれば「パー」（舌を上に出す）、
左利きの人であれば「グー」（舌を下に出す）の舌ジャンケンをする。

さきほどと同様に、右腕と左腕の形を交互に入れ替えながら、
利き手に合わせて舌ジャンケンの形も変える。これを８回くり返す。

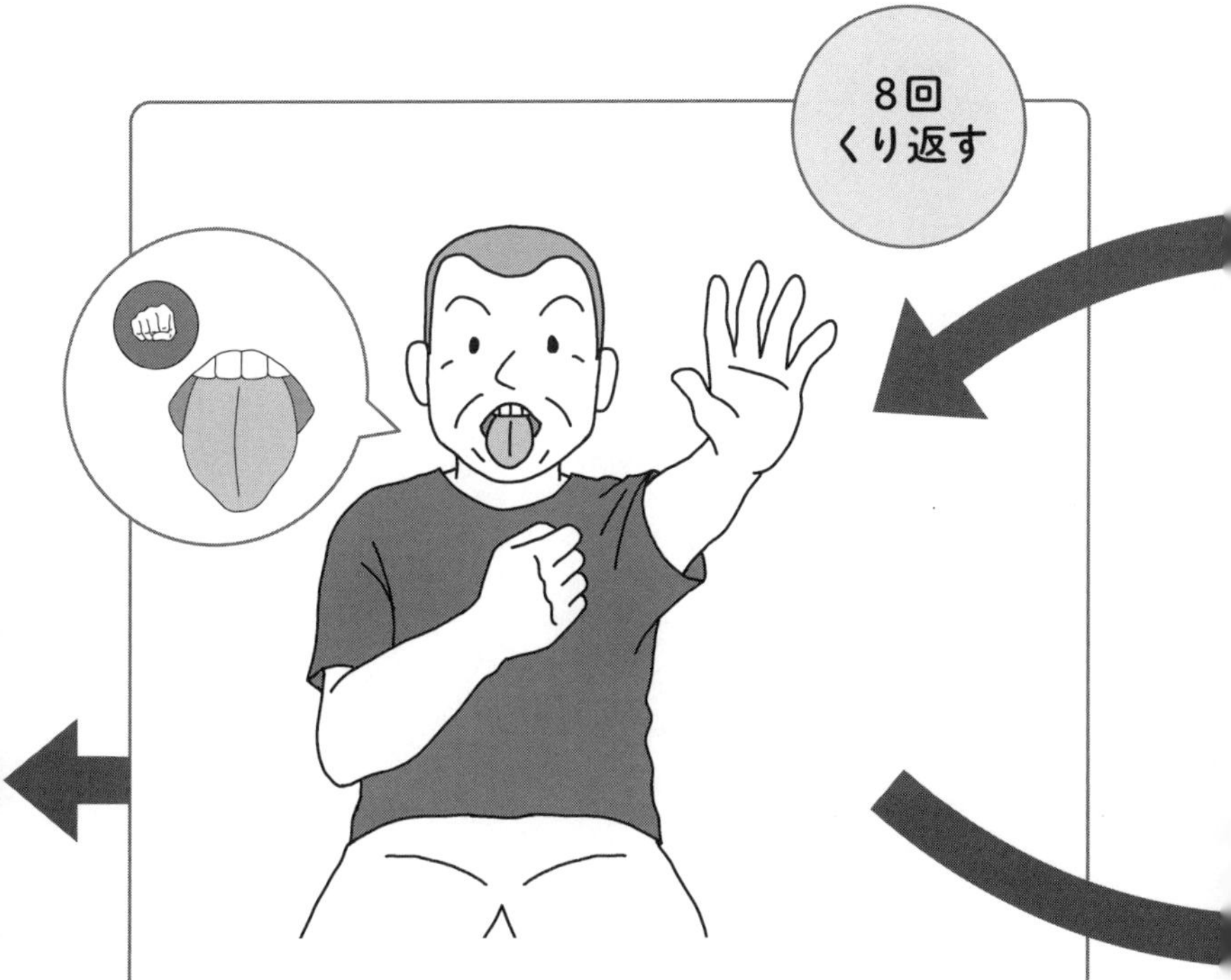

「グー」と「パー」を８回（P190 ～ 191）、
その逆の「パー」と「グー」を８回（P192 ～ 193）、
合計で 16 回やったら小休止（約 10 秒）。

小休止
（約10秒）

※イラストでは右利きを想定

右腕を「グー」の形で体の前に真っすぐ伸ばし、
左腕を「チョキ」の形で折りたたんで右胸に当てる。

このとき、右利きの人であれば「グー」（舌を下に出す）、
左利きの人であれば「チョキ」（舌を横に出す）の舌ジャンケンをする。

POINT

舌ジャンケンの「チョキ」は、
舌を右に出す形でも、舌を左に出す形でも、どちらでも大丈夫！

手でつくる「チョキ」の形は問わないので、
いつも使っている自分なりの「チョキ」でOK！

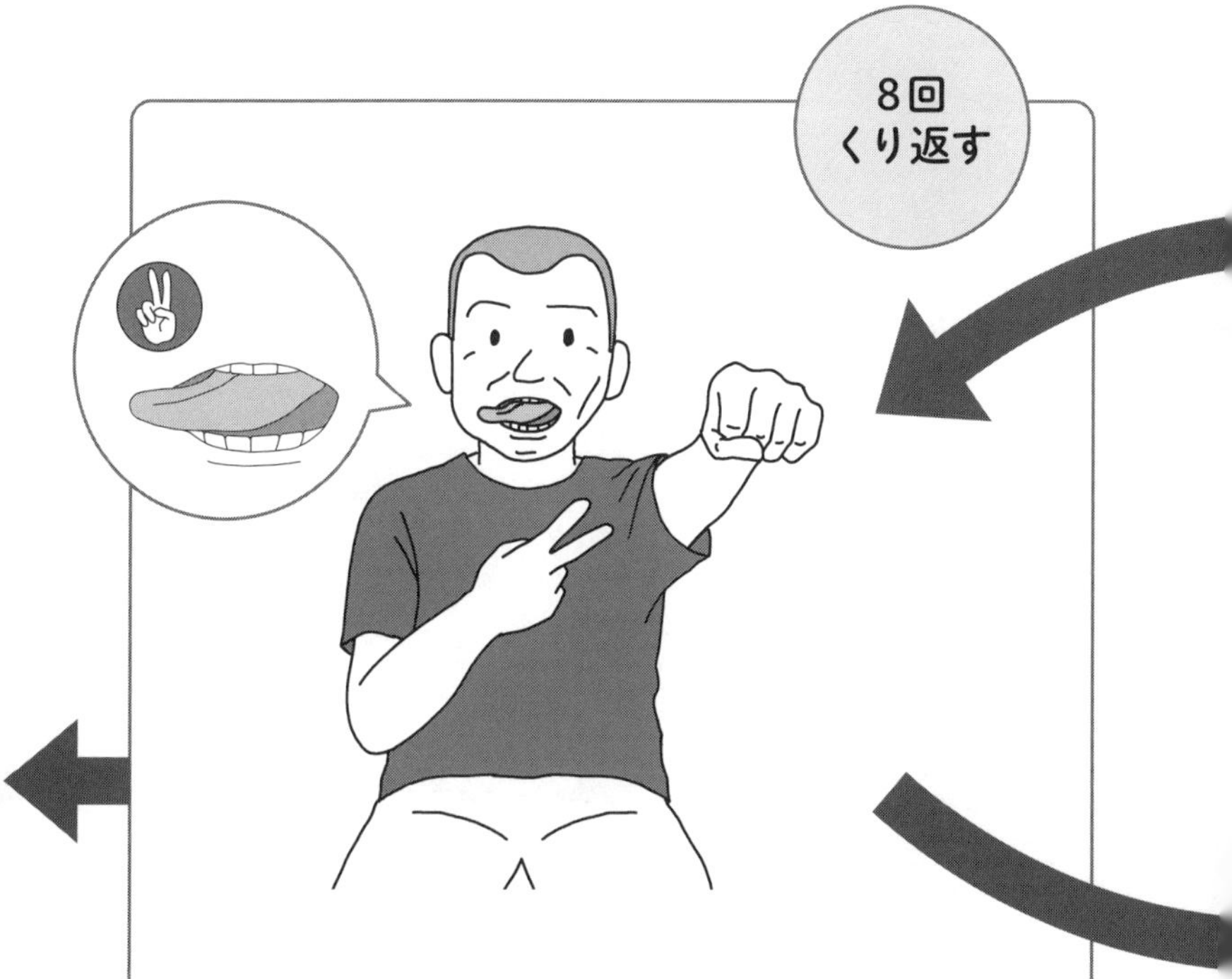

左腕を「グー」の形で体の前に真っすぐ伸ばし、
右腕を「チョキ」の形で折りたたんで左胸に当てる。

このとき、右利きの人であれば「チョキ」(舌を横に出す)、左利きの人であれば「グー」(舌を下に出す)の舌ジャンケンをする。

右腕と左腕の形を交互に入れ替えながら、利き手に合わせて舌ジャンケンの形も変える。これを8回くり返す。

※イラストでは右利きを想定

今度はジャンケンの「グー」と「チョキ」を入れ替えて８回。

右腕を「チョキ」の形で体の前に真っすぐ伸ばし、
左腕を「グー」の形で折りたたんで右胸に当てる。

このとき、右利きの人であれば「チョキ」（舌を横に出す）、
左利きの人であれば「グー」（舌を下に出す）の舌ジャンケンをする。

さきほどと同様に、右腕と左腕の形を交互に入れ替えながら、利き手に合わせて舌ジャンケンの形も変える。これを８回くり返す。

8回
くり返す

「グー」と「チョキ」を８回（P194 ～ 195)、
その逆の「チョキ」と「グー」を８回（P196 ～ 197)、
合計で 16 回やったら小休止（約 10 秒)。

小休止
(約10秒)

※イラストでは右利きを想定

右腕を「チョキ」の形で体の前に真っすぐ伸ばし、
左腕を「パー」の形で折りたたんで右胸に当てる。

このとき、右利きの人であれば「チョキ」(舌を横に出す)、
左利きの人であれば「パー」(舌を上に出す)の舌ジャンケンをする。

POINT

舌ジャンケンは、利き手でつくるジャンケンの形と、
あいこになり続けるよう意識すると間違えにくくなる!

つむじのあたりがズキズキするかもしれないが、
それは脳の頭頂葉を刺激していることに起因した痛みである!

左腕を「チョキ」の形で体の前に真っすぐ伸ばし、
右腕を「パー」の形で折りたたんで左胸に当てる。

このとき、右利きの人であれば「パー」（舌を上に出す）、左利きの人であれば「チョキ」（舌を横に出す）の舌ジャンケンをする。

右腕と左腕の形を交互に入れ替えながら、利き手に合わせて舌ジャンケンの形も変える。これを8回くり返す。

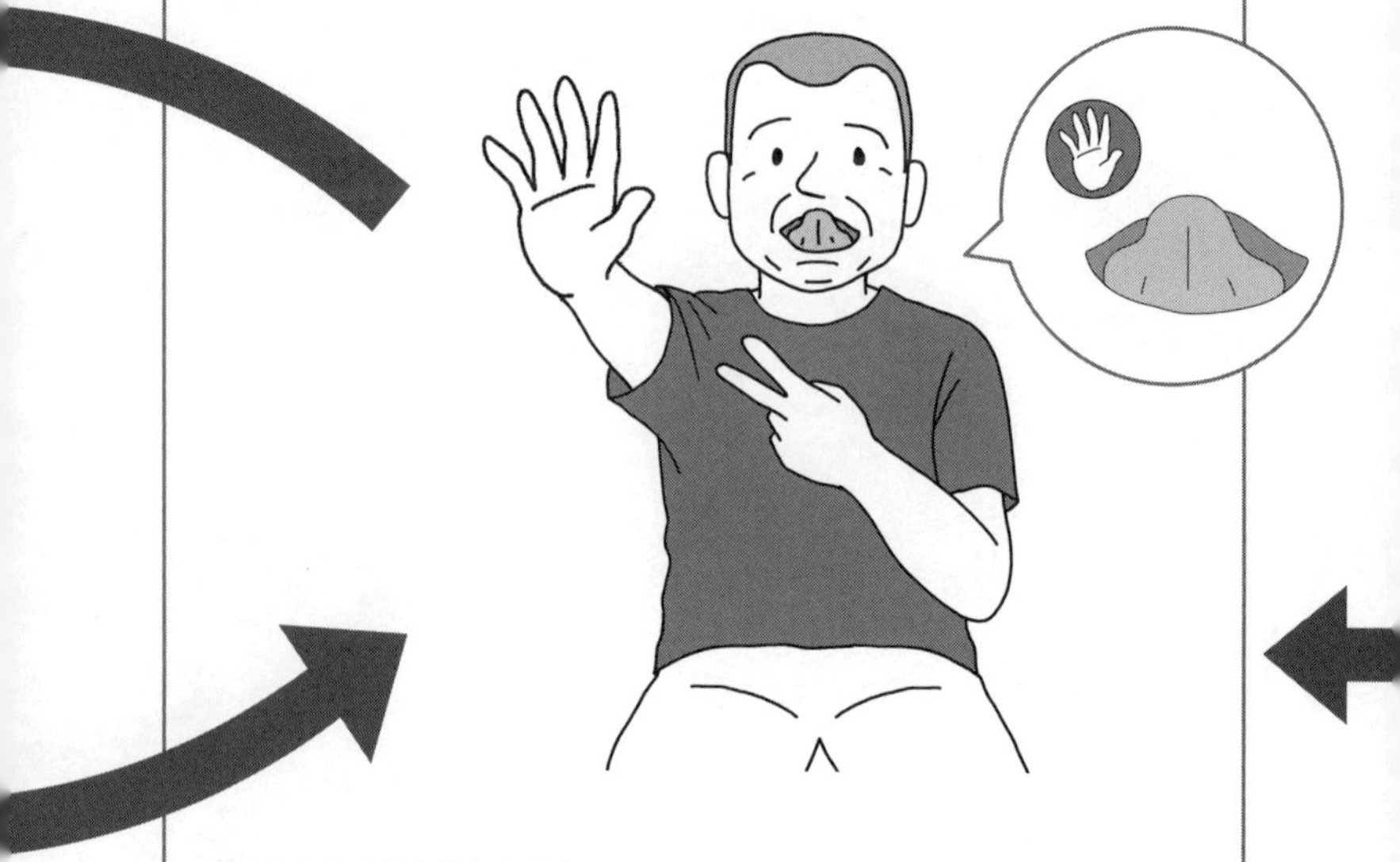

※イラストでは右利きを想定

今度はジャンケンの「チョキ」と「パー」を入れ替えて８回。

右腕を「パー」の形で体の前に真っすぐ伸ばし、
左腕を「チョキ」の形で折りたたんで右胸に当てる。

このとき、右利きの人であれば「パー」（舌を上に出す）、
左利きの人であれば「チョキ」（舌を横に出す）の舌ジャンケンをする。

さきほどと同様に、右腕と左腕の形を交互に入れ替えながら、利き手に合わせて舌ジャンケンの形も変える。これを８回くり返す。

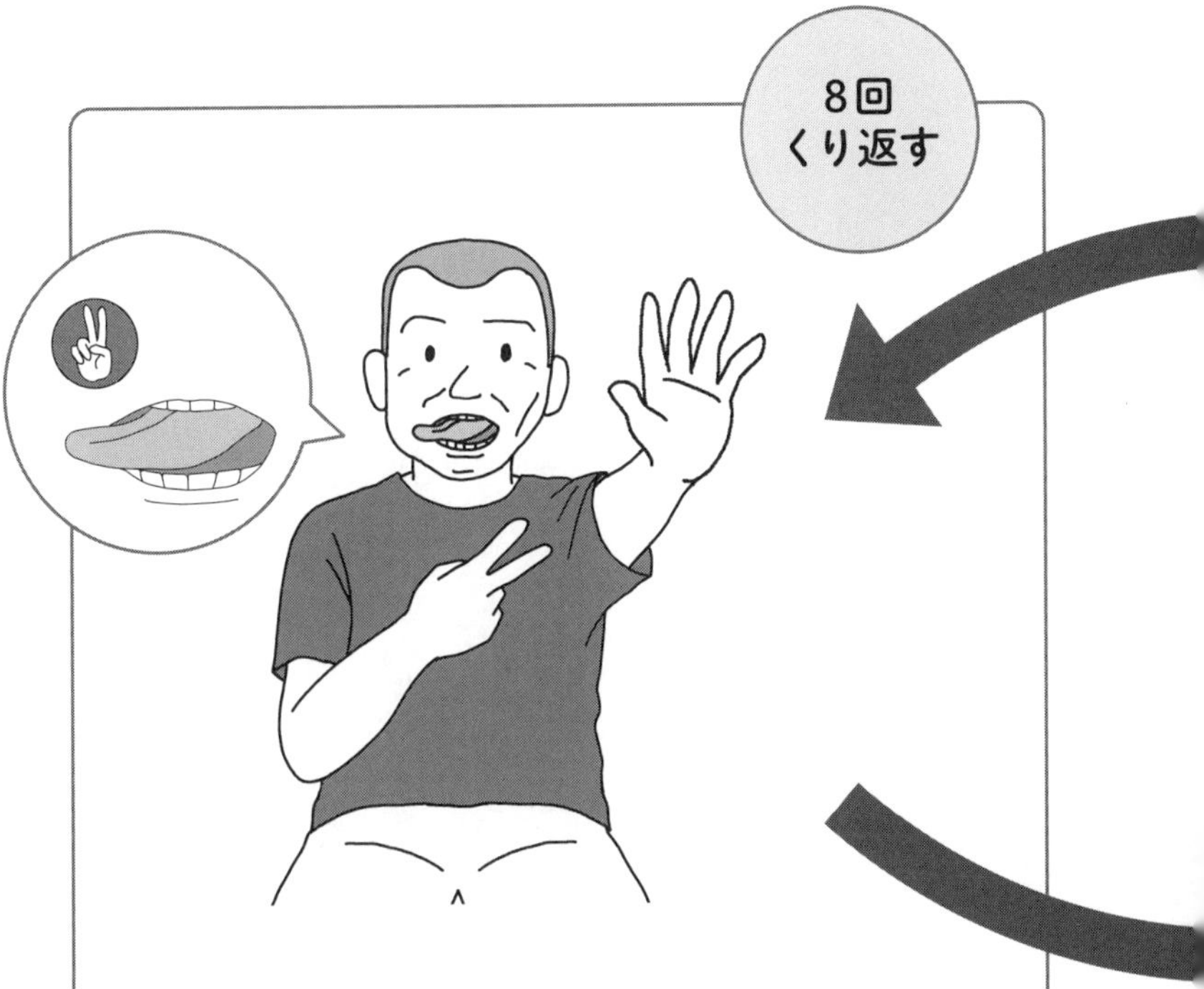

「チョキ」と「パー」を8回（P198〜199）、
その逆の「パー」と「チョキ」を8回（P200〜201）、
合計で16回やったら1セット完了となる。

「グーパー舌まわし体操」1セット完了！
お疲れ様でした!!

集中補習で運転脳の弱点を徹底的に克服！

本章で紹介してきた**「グーパー足踏み体操」と「グーパー舌まわし体操」の2つは、いわば「運転脳体操」のオールインワン。毎日の日課としてひたむきに取り組むことで、脳全体の働きを大幅に底上げしてくれるメソッド**です。

一方、前章では安全運転を続けられるか否かのリスクレベルをチェックリストで測り、「危険の察知」「マルチタスク能力」「位置・空間認識」「感情コントロール」「視覚・聴覚機能」という5つのファクターを強化することの重要性をお話ししてきました。

例えば、チェックリストの「危険の察知」ですべての項目が当てはまっていた場合は、「そこが自分に足りてない運転脳だ」という不安も生まれるため、重点的に鍛えたくなる気持ちも当然だと私は考えます。

したがって、ここでは私たちの自動車運転外来で実際に執り行っているそれぞれの対策方法を「運転脳を鍛える集中補習（ゲーム）」として紹介させていただきます。

【危険の察知】「仮名ひろい」で注意力アップ！

「仮名ひろい」は文章のなかにある特定の「仮名」を、丸で囲んで拾っていくゲームです。

制限時間は2分。お題で出された仮名を見落とすことなく、すべて拾い上げられるかをテストしていきます。

最初は「あいうえお」の母音を拾っていき、慣れてきたら「あいすせそ」、「かしちみろ」と難易度を上げていき、それでも物足りなければ自分で拾う仮名のルールを複雑に作ってしまっても構いません。

テストとしては400字程度が一般的なので、みなさんの手元にある本であれば1

ページくらいの文章量が目安となります。子ども向けのひらがなが多い昔話などがおすすめですが、漢字が入っている新聞などで取り組んでも大丈夫。**なるべく文字が大きくて、丸を囲みやすい見開きのものを用意**するようにしましょう。

210〜212ページに例題と問題を用意してありますので、ぜひ挑戦してみてください。

【マルチタスク】「鉛筆おいかけっこ」で多角的な遂行機能を養う！

「鉛筆おいかけっこ」はTMT（Trail Making Test）といわれるテストのひとつであり、鉛筆おいかけっこでは「数字だけ」を順番に結んでいくものと「数字とひらがな」「数字とアルファベット」「ひらがなとアルファベット」など2つ以上の文字や記号を交互かつ順次に線を結んでいく2種類のゲームがあります。

アルファベットが含まれると難しく感じる傾向にあるため、最初は「数字だけ」あ

るいは「数字とひらがな」を結んでいくパターンのものから始めてみましょう。

こちらも213〜215ページに例題と問題を用意してありますので、脳リハの一環としてマルチタスクに不安のない人でも、腕試しがてらにテストしてみてください。

また、「危険の察知」や「マルチタスク」の能力を評価するテストとして、私と阪神高速道路株式会社が共同開発した『SAFETYドライブチェック』(https://safetynavi.jp/drivecheck/)というブラウザゲームがあります。

このゲームでは脳ドックで蓄積された事故履歴データとの照合から、事故の起こしやすさや注意すべき運転場面など、普段の運転に役立つアドバイスを提供しています。

無料で何回でもチャレンジできるうえに、運転能力をゲーム感覚でチェックできる優れものなので、パソコンが使える環境の人には併せて試していただきたいです。近い将来には、スマホ対応も考えています。

【位置・空間認識】「ハノイの塔」で判断力や推論力にも相乗効果あり！

「ハノイの塔」は「バラモンの塔」あるいは「ルーカスタワー」とも称されるパズルゲームです。世界的にも有名なので、すでにご存じの人も多いかもしれません。

オーソドックスな形は、3本の棒と中央に穴の開いた大きさの異なる3枚の円盤で構成されており、最初はすべての円盤が左端の棒に下から大きい順に積み重ねられています。これを右端に同じ形になるよう移していくのですが、移動させる際には次のようなルールがあります。

ルールに従って円盤を動かす「ハノイの塔」

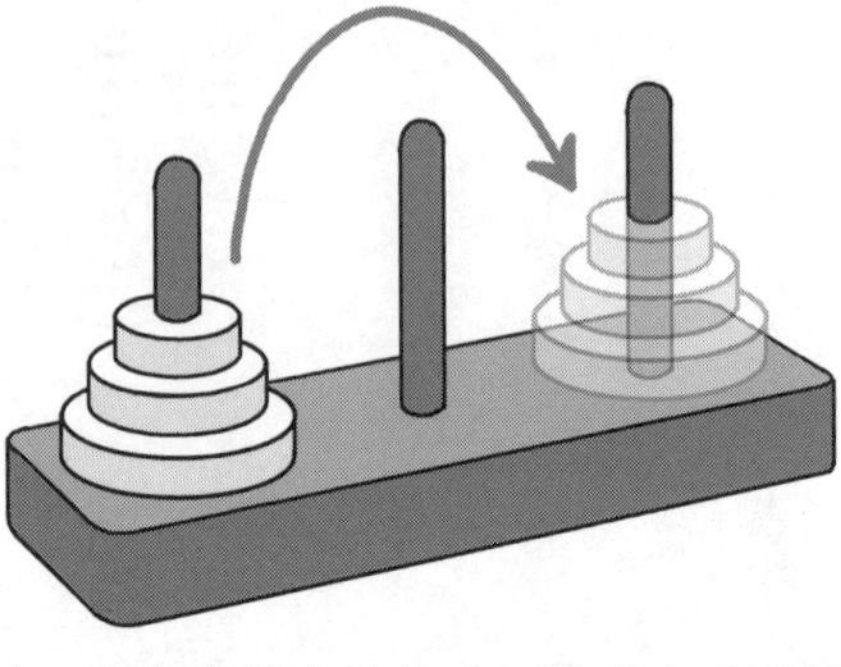

ゲームを攻略するために思考する過程が、運転脳に欠かせない位置・空間認識の向上に役立つ。

①一度にひとつの円盤しか移動させることができない
②円盤は空いている棒か自分より大きいサイズの円盤の上にしか移動できない

ルールがシンプルだからこそ難しいゲームであり、**「どれをどこに移動させればいいのか」「次はどういう手順を踏めばいいのか」と思考する過程が、運転脳に欠かせない位置・空間認識の向上に役立ってくれる**のです。

【感情コントロール＆視覚・聴覚機能】
今一度、自分の在り方を見つめ直そう

「感情コントロール」や「視覚・聴覚機能」に関しては、加齢にともなう防ぎようのない症状でもあるため、特効薬となるほどのトレーニングはありません。

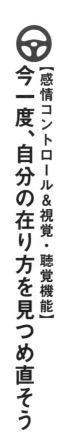

そんなことをいってしまうと救いがないように感じてしまいますが、決して何も対策する術がないというわけではないので、安心してください。

結局のところ、安全運転はルールを守り、他人を気遣うことができる穏やかな感情を保つことが求められているので、瞑想や呼吸法、さまざまなリラクゼーションによってリラックス効果を高めることでも改善が見込めます。

現代人は自律神経が乱れがちであることもメンタルに多分な影響を与えています。癒しを積極的に取り入れるほか、ストレスの原因を根本治療し、生活の質そのものを上げることが、ひいては安全運転につながるといっても差し支えありません。

また、喫煙などの生活習慣の乱れや、高血圧・糖尿病などの生活習慣病の放置は、脳の毛細血管を痛めることに繋がり、視覚・聴覚機能の衰えにも一翼を担っているため、生活習慣の改善や生活習慣病治療を積極的に進めなければいけません。

加齢にともなって細胞レベルで一つひとつの機能が落ちていくことは、自然の摂理で致し方ありません。

毛細血管のダメージも老化の流れとしては防ぎようがないものの、その進行スピードの遅速においては、何を使わずともあなたの心構えによって変えられるのです。

なお、視覚・聴覚機能については、症状によっては眼科や耳鼻科で適切な治療、あるいは手術を受けることで改善する場合もあります。

「年をとったら目も耳も悪くなるのは仕方がない」と諦める前に、一度病院を受診してみるのもいいでしょう。

仮名ひろい：例題

次のかな文の内容を読み取りながら、同時に
「あ・い・す・せ・そ」の文字を
拾い上げて、「○」をつけてください。
なお濁点は違う文字と考えてください。

制限時間
2分

ぜんちないぐのはなといえば、いけのおでしらないものはない。ながさはごろくすんあってうわくちびるのうえからあごのしたまでさがっている。かたちはもともさきもおなじようにふとい。いわばほそながいちょうづめのようなものが、ぶらりとかおのまんなかからぶらさがっているのである。ごじゅっさいをこえたないぐは、しゃみのむかしから、ないどうじょうぐぶのしょくにのぼったこんにちまで、ないしんではしじゅうこのはなをくにやんできた。もちろんひょうめんでは、いまでもさほどきにならないようなかおをしてすましている。これはせんねんにとうらいのじょうどをかつぎょうすべきそうりょのみで、はなのしんぱいをするのがわるいとおもったからばかりではない。それよりむしろ、じぶんではなをきにしているということを、ひとにしられるのがいやだったからである。ないぐはにちじょうのだんわのなかに、はなというごがでてくるのをなによりもおそれていた。

仮名ひろい：問題①

次のかな文の内容を読み取りながら、同時に
「あ・い・う・え・お」の文字を
拾い上げて、「○」をつけてください。

制限時間
2分

「ではみなさんは、そういうふうにかわだといわれたり、ちちのながれたあとだといわれたりしていたこのぼんやりとしろいものがほんとうはなにかごしょうちですか」せんせいは、こくばんにつるしたおおきなくろいせいざのずの、うえからしたへしろくけぶったぎんがたいのようなところをさしながら、みんなにといをかけました。カムパネルラがてをあげました。それからしごにんてをあげました。ジョバンニもてをあげようとして、いそいでそのままやめました。たしかにあれがみんなほしだと、いつかざっしでよんだのでしたが、このごろはジョバンニはまるでまいにちきょうしつでもねむく、ほんをよむひまもよむほんもないので、なんだかどんなこともよくわからないというきもちがするのでした。ところがせんせいははやくもそれをみつけたのでした。「ジョバンニさん。あなたはわかっているのでしょう。」ジョバンニはいきおいよくたちあがりましたが、たってみるともうはっきりとそれをこたえることができないのでした。

仮名ひろい：問題②

次のかな文の内容を読み取りながら、同時に
「か・し・ち・み・ろ」の文字を
拾い上げて、「○」をつけてください。
なお濁点は違う文字と考えてください。

制限時間 2分

むかし、むかし、あるところに、おじいさんとおばあさんがおりました。まいにち、おじいさんはやまへしばかりに、おばあさんはかわへせんたくにいきました。あるひ、おばあさんが、かわのそばで、せっせとせんたくをしていますと、かわかみから、おおきなももがひとつ、「どんぶらこっこ、すっこっこ」「どんぶらこっこ、すっこっこ」とながれてきました。「おやおや、これはみごとなももだこと。おじいさんへのおみやげに、どれどれ、うちへもってかえりましょう」おばあさんは、そういいながら、こしをかがめてももをとろうとしましたが、とおくててがとどきません。おばあさんはそこで、「あっちのみいずは、からいぞ。こっちのみいずはああまいぞ。からいみいずは、よけてこい。ああまいみいずに、よってこい」とうたいながら、てをたたきました。すると、ももはまた、「どんぶらこっこ、すっこっこ」「どんぶらこっこ、すっこっこ」といいながら、おばあさんのまえへながれてきました。

鉛筆おいかけっこ：例題

「数字」と「ひらがな」がいくつか書かれているので、それらを問題の指示に従いながら線で結んでいってください。例えば、「数字とひらがなを交互に線で結んでください（数字は数が小さい順、ひらがなは五十音順）」という場合は、①（はじめ）から始めて、次はひらがなの㋐、その次は数字の②…といった具合に続けます。

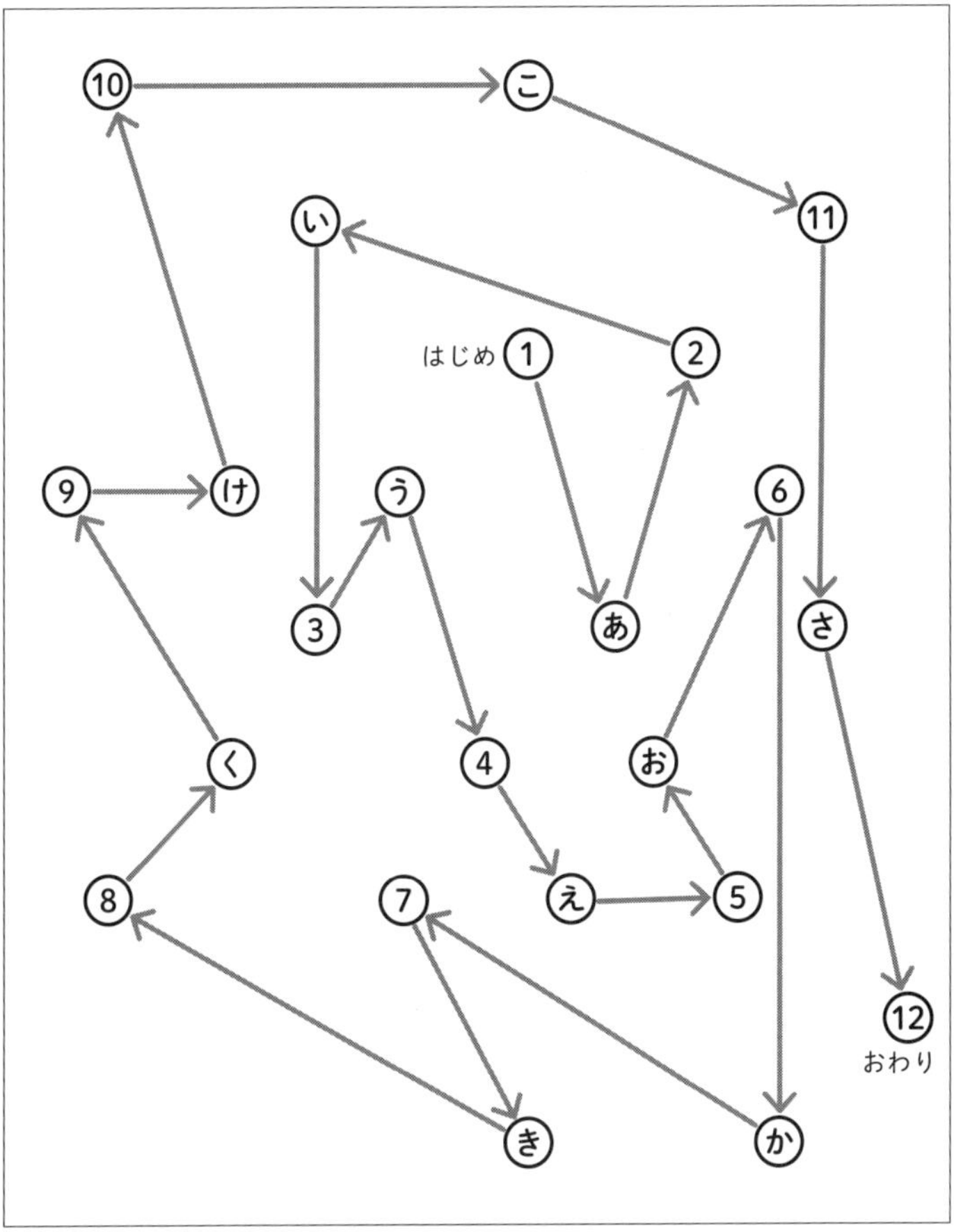

鉛筆おいかけっこ：問題①

「数字」がバラバラに①から㉕まで書かれています。これらを数字の数が小さい順に①－②－③…と線で結んでいってください。

制限時間 1分

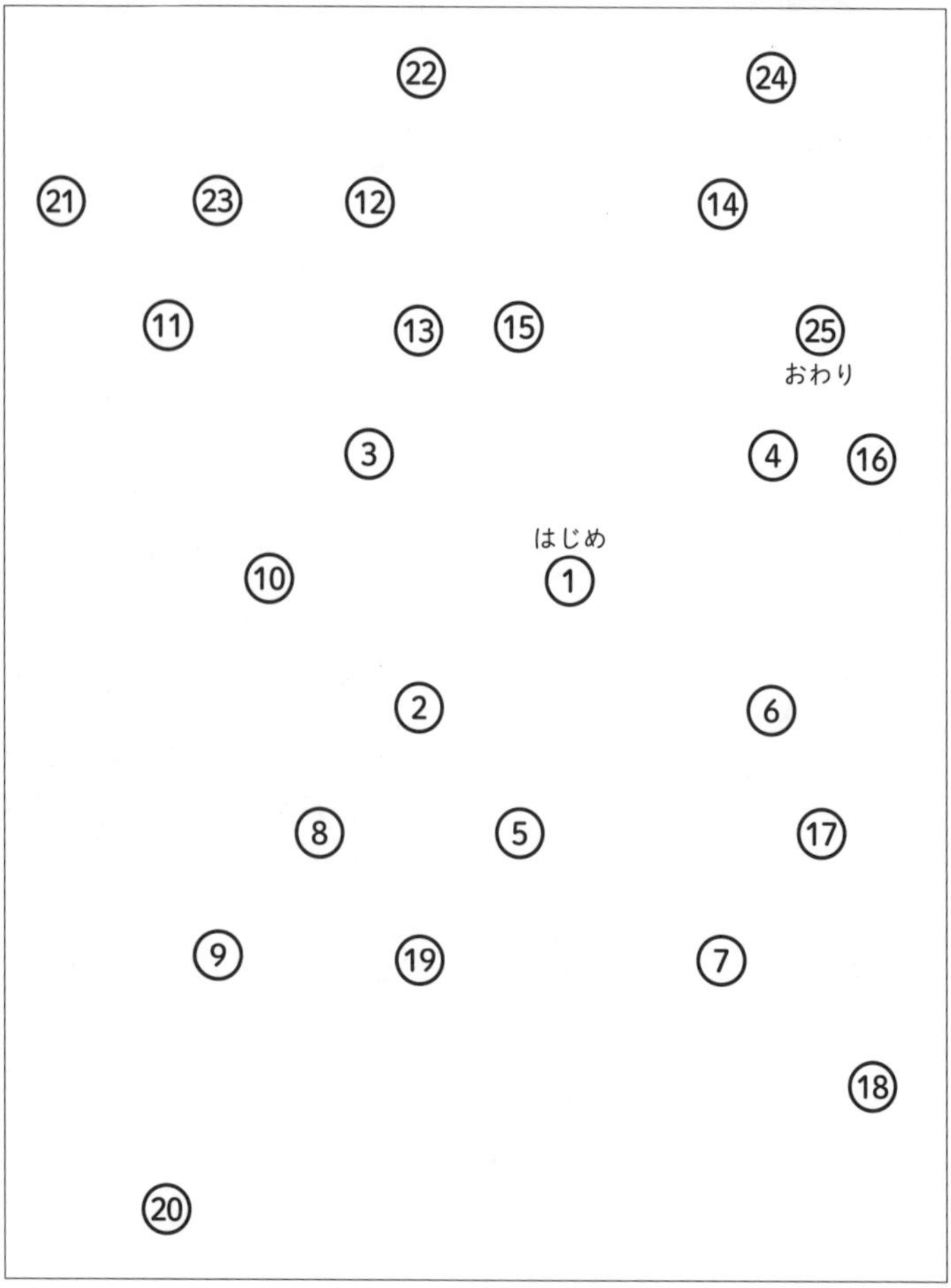

鉛筆おいかけっこ：問題②

「数字」が①から⑬まで、「ひらがな」が(あ)から(し)までバラバラに書かれています。これらを数字は数が小さい順、ひらがなは五十音順に、①－(あ)－②－(い)－③…と「数字－ひらがな」の順で交互に線で結んでいってください。

制限時間
2分

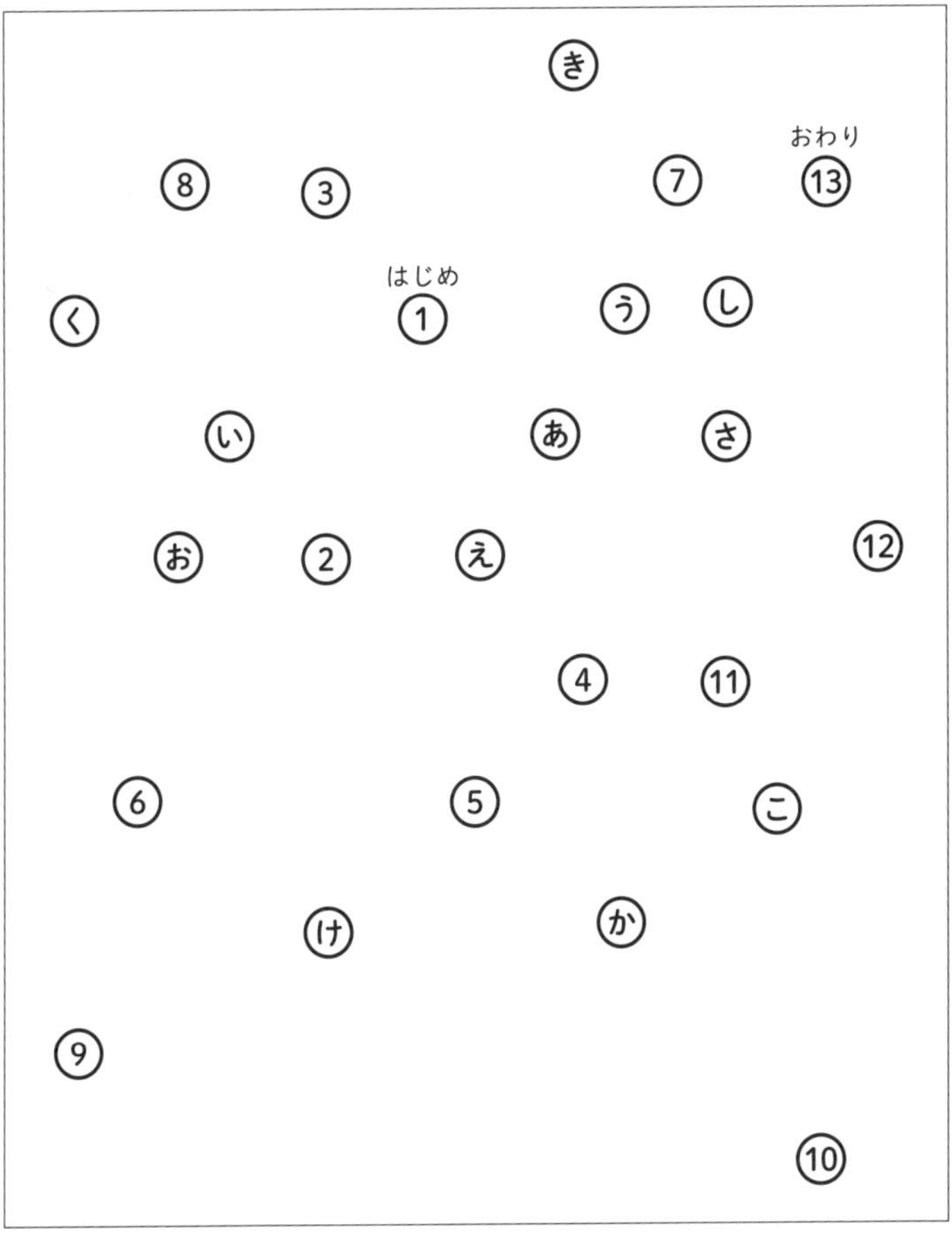

第5章

運転脳がいつまでも元気でいるための習慣

通常の生活スタイル＋αが状況改善のキモ

毎日、同じくらいの時間に就寝し、同じくらいの時間に起床しましょう。
朝、起きたらカーテンを開けて陽の光を浴びましょう。
朝食をしっかりとりましょう。
そして、昼食も夕食も毎日できるだけ同じ時間帯に済ませましょう。
栄養バランスのとれた食事を心がけましょう。
お酒とタバコはできるだけ控えましょう。
家にこもらず、日中に一度は外出しましょう。
単身者の人は、誰かと会って会話をするようにしましょう。
趣味や日課など、楽しいと思えることに積極的に取り組みましょう。
一日のどこかで、ストレッチや深呼吸などをして心身をリラックスさせましょう。

ぬるめのお風呂に、毎日ゆっくり漬かりましょう。

寝る直前にスマホやテレビを見るのはやめましょう。

すべてをひっくるめて、ストレスフリーの規則正しい健康的な生活を送りましょう。

この章でみなさんに伝えたいことを要約すると、このような内容になります。


第1章では、安全運転をしている高齢ドライバーの共通点に言及しました。

第2章では、安全運転をしている人の習慣や、脳萎縮と白質病変発生の抑制に効果のある「運転脳ケア」を紹介しました。

第3章では、安全運転に影響を及ぼす主要な5つのファクターを紹介し、自己診断チェックリストによって、それぞれの危険度を判定。第4章にて「運転脳体操」など、それらを改善するための運転脳強化メソッドを一挙に公開しました。

そしてこの第5章では、運転脳をケアする生活習慣に迫っていきます。

第2章と似ている印象を受けるかもしれませんが、コンセプトが違います。第2章は「あえて取り組む系」の方法、第5章は「日常生活に組み込む系」の方法、とお考えください。

この第5章では、組み込む系といっても何かを用意したり、身構えて何かにチャレンジしたり、ということを推奨するのではなく、**みなさんの普段の生活がより良い方向に進むように、それが運転脳のケアにつながるように、微調整していくためのプランをご提案**していきます。


ベースとなる生活スタイルは変えなくてもOK。そこに、何かを足したり、何かを差し引いたり、というひと工夫を施すことによって、長く安全運転を続けることを目指すのです。ぜひ、参考になさってください。

【食事】塩分と糖質が安全運転の邪魔をする!?

食事の際に一にも二にも注意していただきたいのは、塩分です。塩分を過剰に摂取すると喉が渇き、体が水分を欲します。そして水をたくさん飲むと、増えた水分量のぶんだけ血液が多く作られ、血管にかかる圧力が上昇します。

つまりこれは、高血圧です。

慢性的な高血圧が、脳梗塞や心筋梗塞、動脈硬化、腎不全など、多くの病気の原因になることはよくご存じでしょう。

そして、**高血圧の人は白質病変が発生しやすいこともわかっています**。なんと、塩気の多い料理ばかり食べていると、巡りに巡って安全運転に悪影響を及ぼすのです。

もう一点、糖質の摂りすぎ、食べすぎにも注意してください。

糖質の過剰接収や肥満は、血糖値の上昇とそれにともなう糖尿病を引き起こす要因になります。高血圧と同じように、糖尿病も万病のもと。場合によっては、命の危険にさらされることもあります。

残念なことに、**糖尿病の人も白質病変が出やすい傾向にあるので、安全運転とは無関係ではありません。**

糖質はなるべくセーブするように意識しましょう。甘いものだけでなく、ごはん、パン、麺類などの主食にも糖質は多く含まれるので、お気をつけください。

逆に推奨できる食べものとして、生活習慣病の予防につながるものや、脳の活性化を促すとされるもの（「ブレインフード」と呼ばれるもの）などが挙げられます。

普段から健康に気をつかわれている人には、孔子に論語になってしまうかもしれま

生活習慣病の予防や脳の活性化を促す食材10選！

ベリー類
（ブルーベリー、ラズベリーなど）

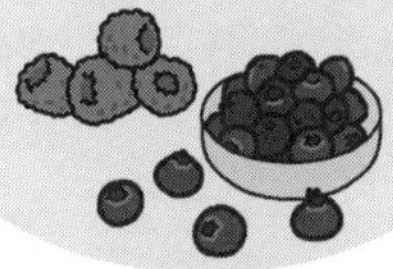

青魚
（イワシ、サバ、サンマなど）

卵

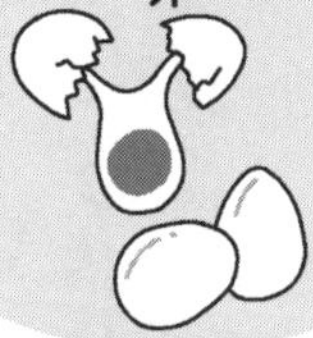

ナッツ類
（無塩のものがベター）

チョコレート
（低糖質、高カカオがベター）

大豆製品
（納豆、豆腐など）

オメガ３を含む油
（アマニ油、エゴマ油など）

海藻類
（ヒジキ、ワカメなど）

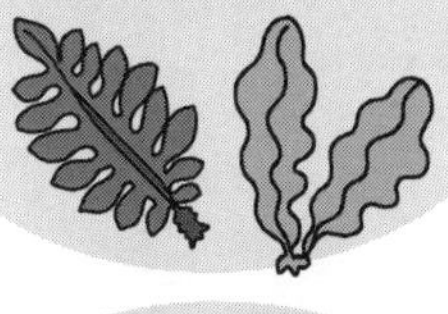

緑黄色野菜
（ニンジン、ホウレンソウなど）

キノコ類
（シイタケ、シメジなど）

せんが、主要どころをひととおりピックアップしておきましょう。

食事の際は、これらをできるだけ多く摂取することを意識してください。**肉類を食べることはまったく構いませんが、動物性脂肪は控えたほうがいい**ので、なるべく脂身の少ない部位を選ぶようにしましょう。

【家事】メリットは足腰を丈夫にするだけではない！

「定年退職したあと、とくに何もすることがなく家の中でゴロゴロしていたら、どんどん嫁さんの表情が険しくなっていきました。

これはマズいなぁと思って、少しずつ家事を手伝うようにしたんです。ゴミ出しから始めて、食器洗い、掃除機がけと、やることを増やしていきました。

そうしたら、嫁さんの笑顔も増えたんですよね。会話が多くなって、争いごとは減りました。以前より、体の調子も良くなった気がします。最初はいやいやでしたけど、今となっては大正解だったと思うようになりましたね」

これは、私が以前診察した、70代（当時）の男性Uさんから聞いた話です。**この言葉に、私がみなさんに伝えたいことのすべてが込められています。**

いうなれば、模範解答にしてファイナルアンサーです。

家事をしましょう。とくに、今までノータッチだった男性は、積極的に奥さんのサポートをしましょう。

つまりは、そういうことです。

世代的に、若いころは「男は仕事、女は家庭」という考え方が当たり前だったと思います し、実際にその役割分担で円満な夫婦関係を築けていた人たちも多いでしょう。

しかし、時代は変わり、かつての常識が通用しなくなりました。

しかも、定年退職後に仕事をしていなければ、大前提となっているバランスが崩れてしまっていることになります。「男はぐうたら、女は家庭」では、奥さんも納得するわけがありません。

くり返します。

家事をしましょう。

家事をすることによって得られるメリットは、大きくふたつ挙げることができます。

ひとつは、健康を増進し、運転脳もケアできるということです。

考えてみてください。掃除、洗濯（&洗濯物干し）、料理、食器洗い、ゴミ出しなど、家事のほとんどは立ち仕事ですよね。しかも、多くは移動もともないます。わざわざ散歩に行かなくても、家の中でそれなりに歩けてしまうのです。

運転脳をケアするうえでも
家事手伝いはメリットの宝庫！

当然、足腰は鍛えられます。また、体を動かすことが脳萎縮と白質病変の抑制につながることは、何度も述べてきたとおりです。

もうひとつのメリットは、同居家族（そのほとんどは、男性から見た奥さん）との関係性が良くなることです。

もともと仲が良いケースも、可もなく不可もなしのケースも、明らかにうまくいっていないケースも、一方がそれまでしていなかった家事をすることで、家庭内の雰囲気は格段に明るくなるでしょう。

先ほど紹介したUさんのように、会話も増えるはずです。

人とコミュニケーションをとると、脳が刺激され、幸福度もアップすることは再三お伝えしてきました。

こちらもまた、運転脳の強化に大きく関係してくるのです。

今までしていなかった人が家事をすると、一石二鳥どころか、3つも4つも恩恵を

受けることができます。

すぐに実行に移しましょう。それがベストの選択であることは論をまちません。

また、家事をするしないにかかわらず、家の中で座りっぱなしや寝っ転がりっぱなしは体に毒です。

せめて1時間に1回は立ち上がって、深呼吸をしたり、体操やストレッチをしたりするなどして、軽く体を動かすようにしましょう。

【外出】道中や行き先での〝ちょい足し〟が明るい未来をまねく

買い物、通院、地域コミュニティ活動への参加など、なんらかの用事があって外出をする場合、その道中や行き先でひと工夫することを心がけましょう。**このひと工夫とは、体に少し負荷をかけたり、脳に刺激を与えたりする行為のこと**です。

例えば、時間に余裕のあるときは意図的に遠回りをする。これで1日の歩数をわずかながらでも増やすことができます。

あるいは、建物の上の階に上がる際は、エレベーターやエスカレーターではなく階段を使う。高齢者にとって、これはかなりいい運動になります。

もちろん、ものには限度があるので、やりすぎには注意しましょう。上り終えたときに息が軽くはずむ程度が理想的です。1階から2〜3階への移動を、階段使用のひとつの目安にするといいかもしれません。

ほかでは、買い物の支払い時にお釣りがないようにお金を用意する。これも当然、脳にプラスに働く行為です。

認知症の兆候が出始めると、お金を数えることが面倒に（あるいはできなく）なり、お札など大きいお金で支払いがちになります。するとこれが悪循環となり、さらに症状を進める要因になってしまうので、そうなる前の予防策として、「ちょうどの金額で会計をする」が推奨されるのです。

買い物の支払いで小銭をピッタリ出すことが脳に好影響を与える！

記憶や思考などの認知機能が低下すると、こまごまとした会計が億劫になる。お札を使ってお釣りをもらう会計は楽かもしれないが、それが認知症の症状を悪化させる可能性があるため、日ごろから積極的に小銭を使って脳を働かせるようにしたい。

キャッシュレス決済の場合は、多くの高齢者にとってその行為自体が新たなことへのチャレンジになると思うので、どんな決済方式でも歓迎できます。ポイントカードのアプリをスマホに入れて活用できるようになったら、もう完全に上級者ですね。

私は76～79ページで、車を運転している頻度・距離と事故率は比例するので、用もないのに車に乗ることはあまり推奨できないと述べました（当然ですが、車の運転が趣味の人は、安全運転を意識してドライビングを楽しんでください）。

しかしその一方、用がなくても徒歩で外出することならおおいに歓迎できます。それが、最も手軽で効果的な運動＝ウォーキングになるからです。

ご近所を散歩するもよし、地元でもほとんど足を踏み入れたことのないエリアに行ってみるもよし、必要なものを探して買い物に行くもよし。行きだけあえて遠出をして、帰りは電車やバスなどの公共交通機関を使う、というパターンでも構いません。**新たに見るもの、経験することが、もれなく脳に刺激を与えてくれます。**

外の空気に触れると、気分転換やストレス解消にもなるので、とくに家で時間を持て余し気味の人は、わずかな時間でも、できるだけ家の外に出るようにしたいですね。

【入浴】ベストの温度、時間、タイミングで健康をサポート！

「先生、お風呂には毎日入っていますよ。心配しなくても大丈夫です」

多くの人はこう思われたでしょう。

はい。まったく心配しておりません。毎日の入浴は結構なこと。そのまま続けてください。

ではなぜ、私はこの項目を設けたのか。

それは、どうせお風呂に入るのなら、質の高い入浴方法（厚生労働省「e－ヘルスネット」から引用）を意識しましょう、ということを申し上げたかったからです。

お風呂の目的は、体の汚れを落として清潔を保つことだけにあらず。疲れを取ったり、気持ちを落ち着かせたり、リフレッシュさせたり、良質な睡眠を誘ったりと、さまざまな役割を担っています。

そのすべてが、運転脳をケアするための資本となる、体の健康維持につながっているのです。大げさではなく、効果的な入浴方法を身につければ、生活の質は大きく向上します。

高齢者の場合、とくに冬場はヒートショックの危険がともなうので、脱衣所や浴室の気温に気を配りながら（できる限り温めて、足元をすぐに温めるようにすると防止効果が高いです）、入浴を楽しみましょう。

なお、ヒートショックとは、気温の急激な変化によって血圧が乱高下し、心臓や血管の疾患が起こることの総称です。

冬場は暖かい部屋で安定していた血圧が、寒い脱衣所と浴室で急上昇し、熱いお風呂に入って（しかも長湯で）急下降することによって起こります。

これを起こしては質の高い入浴どころの話ではなくなるので、最大限のご注意を。


では、本題に入りましょう。

お風呂についてでは、みなさんそれぞれ好みの温度や入浴時間などの決まったスタイルがあると思いますが、ここでは最大公約数的なおすすめ、理想的な入浴方法を紹介しますね。


まず、入浴前にしっかり水分補給をしましょう。

お風呂に入ると思いのほか汗をかくもので、一度の入浴による脱水は約８００㎖ともいわれています。

年を重ねると、喉の渇きに気づきにくくなりがちです。脱水症状を防ぐためにも、水をしっかり飲んでから脱衣所に向かうようにしてください。

疲労回復やリフレッシュを効果的に図り、安眠効果ももたらすのなら、38～40度のぬるめのお湯に10～15分。これがベストの基準になります。

高齢者が熱めのお湯（目安は42度以上）につかると、血圧が一気に上がって脳卒中を起こすかもしれないので要注意です。もともと高血圧の人、糖尿病の人は、とくにリスクが高いこともわかっています。

一方、ぬるめのお湯だと長湯になりがちになり、のぼせを起こす可能性を高めるので、さすがに15分以上お湯につかるのはやめましょう。

なにごとも〝適度〟が大切です。

入浴剤を使用するのは、まったく構いません。立ち込める香りをかぐことで、ストレス解消やリラックス効果にも期待できます。

そして、最も気にかけたいのは「いつお風呂に入るか」です。

入浴と睡眠とセットで考えるのなら、就寝時刻から逆算して1時間半から2時間前にお風呂に入るようにしましょう。そうすることで、眠りにつきやすくなるからです。

ぬるめのお湯にじっくりつかることにより、深部体温（臓器など体の内部の体温）が上昇し、これが下がるにつれて人間の体は眠気をもよおします。

お風呂から上がった直後の深部体温は高いままですが、徐々に下がっていき、だいたい1～2時間後に眠気のピークを迎えます。

このメカニズムをうまく利用すれば、良質な睡眠を得ることができるのです。

よく寝ることとは、健康維持の最重要課題。入浴後のメリットにも目を向けて、計画的にお風呂に入りましょう。

寝る直前にスマホを操作したり、テレビを見たりすると、画面から発せられるブルーライトが、睡眠ホルモンと呼ばれるメラトニンの分泌を抑制するので、それさえしないように気をつければ万全です。

「年をとって朝早く目が覚めてしまうけど、なかなか寝つけなくて困っている。睡眠時間が足りていない」

そんな人も、もう安心ですね。

【飲酒・喫煙】「可能な範囲で」「少しずつ」の意識を忘れずに

私は基本的にはお酒を飲みませんが、研究活動をしている関係上、他県――とくに東京の先生方と打ち合わせのあとに会食する機会が多いです。

その際には、高知という土地柄もあって、やはり鰹のたたきに舌鼓を打ちながらの宴席となります。だって、土佐は酒も食べ物も美味しいし、最高のおもてなしになりますからね。

そんなカミングアウトをした直後だといささか説得力に欠けるかもしれませんが、

飲酒と喫煙は脳萎縮と比例関係にある

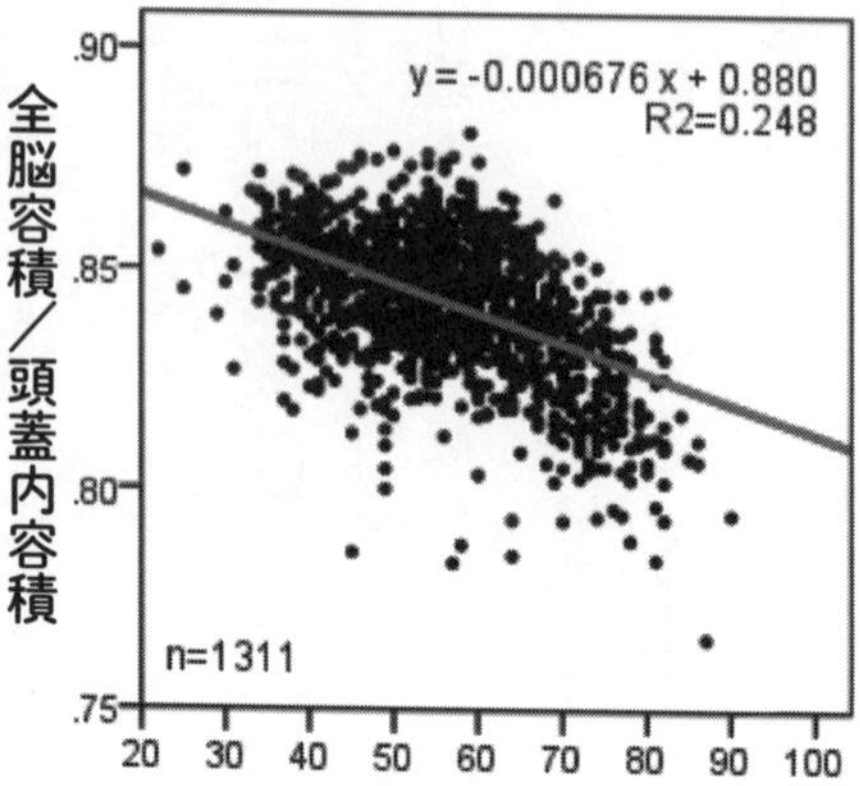

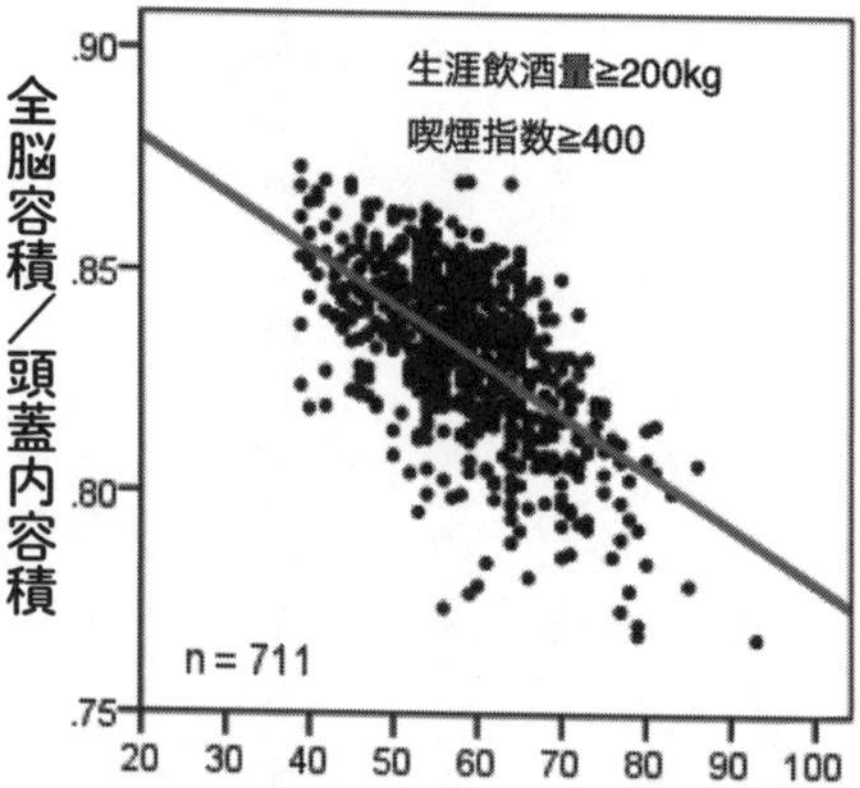

横軸は年齢、縦軸は脳の充満度（全脳容積と頭蓋内容積との比）を表す。上図は酒も喫煙もしない集団の分布図であり、実線は脳萎縮度の強さを表す。下図は生涯飲酒量が 200kg（350ml のビールを毎日 30 年飲み続けた時のアルコール量）以上かつ喫煙指数（毎日の本数と喫煙年数の積）が 400 以上の集団であり、酒も喫煙もしない集団と比べて、脳萎縮度は倍になっている。
図に示されていないが、喫煙単独の集団では両方の集団と比べて脳萎縮は半分になっている。

医師の立場から正直なことを申し上げると、**お酒はできるだけ控えたほうがいい**です。「酒は百薬の長」なることわざも存在しますが、**極論をいえば、一滴も飲まないに越したことはありません。**

確かに、少量のお酒は血行を良くしたり、緊張をほぐしたり、ストレスを解消したりするなどプラスの効果もあります。しかし、長い人生をトータルで考えると、マイナスに働く面のほうが大きいのです。

飲酒量と、脳萎縮が比例関係にあることも、過去の膨大な脳ドックのデータから判明しています（238ページ参照）。

さらに多量の飲酒で、二次的な高血圧や糖尿病になれば、白質病変量を増やしてしまいます。脳萎縮と白質病変で運転脳が衰えるのは、当然のなりゆきです。

お酒好きの人がいきなりゼロにすることは難しい。それは百も承知です。だからせめて、「今よりも少しだけ減らす」ように努めましょう。

1日にビールの350㎖缶を3本飲む人は2本にする。日本酒を2合飲む人は1合半にする。週に1日の休肝日を設けている人は、2日する。2日の人は、3日にする。それに慣れたら、また少し減らすことを試みる。

そうやって、日々摂取するアルコールの量をコントロールし、少量でも満足する体質に変えていけるようにしたいですね。

愛煙家が耳を傾けてほしい妥協案と譲歩案

続いてはタバコ。こちらはお酒よりもやっかいで、健康を害する度合いははるかに大きいです。

「百害あって一利なし」といわれますが、まさにそのとおり。脳はどんどん萎縮しますし（238ページ参照）、白質病変も拡大します。

「医者からも、家族からも、タバコを吸わない友人からも、耳にタコができるくらい同じことを聞かされてきた。でも、禁煙は無理。もう先行き長くないんだから、好き勝手に吸わせてくれよ」

タバコはいっさい吸わない私ですが、気持ちはわかります。「今さら」を強調する高齢喫煙者に、数えきれないほど接してきましたからね。

だから私は、内心「すぐに禁煙してほしい」「1本も吸ってほしくない」と思いつつ、喫煙者のみなさんに妥協案や譲歩案を提案するようにしています。

まずはお酒と同じで、今よりも少しでも減らす。ここからスタートしましょう。

タバコを吸う人の多くは、1日平均の箱数や本数をかなり正確に把握しているもの。その基準が頭にあるわけですから、増減の変化はすぐにわかるはずです。

ただし、**本数を減らすと血中のニコチン濃度を維持するために、タバコを深く吸い**

込むような吸い方をしてしまう人も少なくありません。たとえ本数が減っても元の木阿弥です。

その点を注意しましょう！

とりあえず1本。そして2本。最初の大きな一歩を踏み出すことができたら素敵ですね。

紙タバコ派の人は、電子タバコに切り替えるという手もあります。

ここ最近、ようやくデータが揃ってきたのですが、電子タバコに切り替えると一時的に脳萎縮に歯止めがかかり、それが3年ほど続いて、やがて元に戻って脳萎縮が再開することがわかってきました。明確な根拠は不明ながら、統計的にそれは間違いなさそうなのです。

よって、どうせタバコを吸うなら紙よりも電子、ということを提案することはできます。

ただし、効果は一時的。一定期間が経過すると再び脳萎縮が進むこともわかっているので、運転脳の衰えを先延ばしする暫定的な措置でしかありません。

電子タバコにしても、少しずつ減らしていくことが大切です。切り替えてから2～3年のうちに、卒煙まで持っていければ最高なのですが。

そして、最終手段として取り上げるのが禁煙外来です。

専門医（認定指導者）が問診のあとに具体的な指導を行い、チャンピックスという飲み薬を処方してくれます。

チャンピックスはニコチンより依存作用が強い薬です。言葉は悪いですが、ニコチン中毒をチャンピックスという薬中毒に変える手荒な治療法といえるでしょう。

ニコチン中毒になっている人は、いくら体に悪いとわかっていてもやめられない場合があります。まさしく、それが中毒であり、麻薬患者にいくら説得しても無駄であることと同じだと思います。意志が弱いという問題ではありません。

そういう意味で、完全にタバコをやめても禁断症状が出ないのは、チャンピックスのお陰なのです。そして、最後にこのチャンピックスを止めることができれば完全禁煙ができるのです。

幸い、コンビニでも自販機でもチャンピックスを買うことはできません。治療プロトコルに従ってチャンピックスの量を減らし、最終的にはゼロにしていく必要があります。

そして、気づけばタバコをやめることができ、ようやくニコチン中毒からも解放されるという流れが理想的なのです。

実際に禁煙に成功している例は多く報告されていますし、「喫煙年数×1日の喫煙本数＝200本以上」などいくつかの条件を満たせば保険診療も可能になるので、「本気でやめたいと思っているけど、なかなかやめられない」という人は、一度受診してみるのも一案でしょう。

タバコと酒をいっさい断った女性の脳の行く末

「昨年、乳がんが見つかって、摘出手術をして、その後は抗がん剤治療を受けたがよ。不整脈もあったき、今後の人生のことを考えて、こじゃんと好きやったお酒をスパッとやめたがやき。それから1年、アルコールはいっさい口にしちゃあせんきね」

60代女性Rさんがこう話したのは、はじめて脳ドックを受診した1年後の検診のこと。

幸い治療はうまくいったようで、その表情は晴れ晴れとしていました。

彼女は快活で、豪気で、開けっ広げな性格。「男勝りの女性」を意味する土佐弁の〝はちきん〟をまさに体現した女性です。

タバコは4年前にやめたものの、それまでの30年間、1日1箱ペースをしっかりキー

酒&タバコのはちゃめちゃな生活を脱して脳容積が大幅増！

60代女性Rさんの脳ドックデータ

初回検診時

	(mℓ)		左	右
灰白質体積	517.8	前頭葉の灰白質体積	66.8	69.6
白質体積	551.4	側頭葉の灰白質体積	44.7	46.9
脳脊髄液量	209.6	頭頂葉の灰白質体積	40.5	41.3
全脳体積	1069.2	後頭葉の灰白質体積	26.7	29.7
頭蓋内体積	1278.8			

1年後の検診時

	(mℓ)		左	右
灰白質体積	533.9	前頭葉の灰白質体積	68.9	70.9
白質体積	543.8	側頭葉の灰白質体積	46.6	48.3
脳脊髄液量	201.1	頭頂葉の灰白質体積	42.5	42.1
全脳体積	1077.7	後頭葉の灰白質体積	28.4	30.7
頭蓋内体積	1278.7			

約1年間で脳脊髄液量が8.5mℓ減少（脳容積増加）！

飲酒と喫煙の習慣が脳萎縮に大きく関係することを証明している最たる例。お酒もタバコもすっぱりやめることができれば、脳容積が大幅に増加してもなんら不思議ではない。

頭蓋骨内には、脳そのものと、脳と骨とのすき間を満たす脳脊髄液が存在している。脳脊髄液が減少しているということは、相対的に脳容積が増加していることを意味する。体積は推定値なので補正する必要がある。脳脊髄液量は再現性が高く補正の必要がほぼないので、このデータで判断している。

プし、乳がんが発覚するまでは、1日に500㎖のビール3本と焼酎2合を欠かさなかったといいます。

それはあくまで自宅での話で、外に飲みに行ったら底なしだというのだから驚きです。

酒もタバコもなんでもござれ。あまりにめちゃくちゃなので、初めてお会いしたときは注意するよりも前に、その豪快ぶりに失笑してしまいました。

とはいえ、きっかけはがんでもお酒を完全にやめることができたのは、Rさんにとってはよかったこと。

お酒への欲求が再びわくことはなく、口に合うノンアルコールビールを見つけ、1日500㎖缶を2本飲んで過ごす生活が習慣化したそうです。

そして、脳ドックの結果が出ました。**前回検診時と比較し、目立ったのは脳容積が8・5㎖増加**していたことでした。

この背景に、1年間お酒をいっさい飲んでいないことが大きく存在することは、想像に難くありません。4年前にタバコをやめたことも、その土台作りに確実に貢献していることでしょう。

飲酒と喫煙が脳にどのような影響を及ぼすか。
お酒とタバコをやめたら、脳にどんな変化を望めるか。
Rさんのエピソードを目の当たりにし、その答えは完全に理解できたと思います。
この先、お酒・タバコとどう付き合っていくか——判断を下すのはみなさん自身です。

第6章

免許更新前に頭に入れておきたいこと

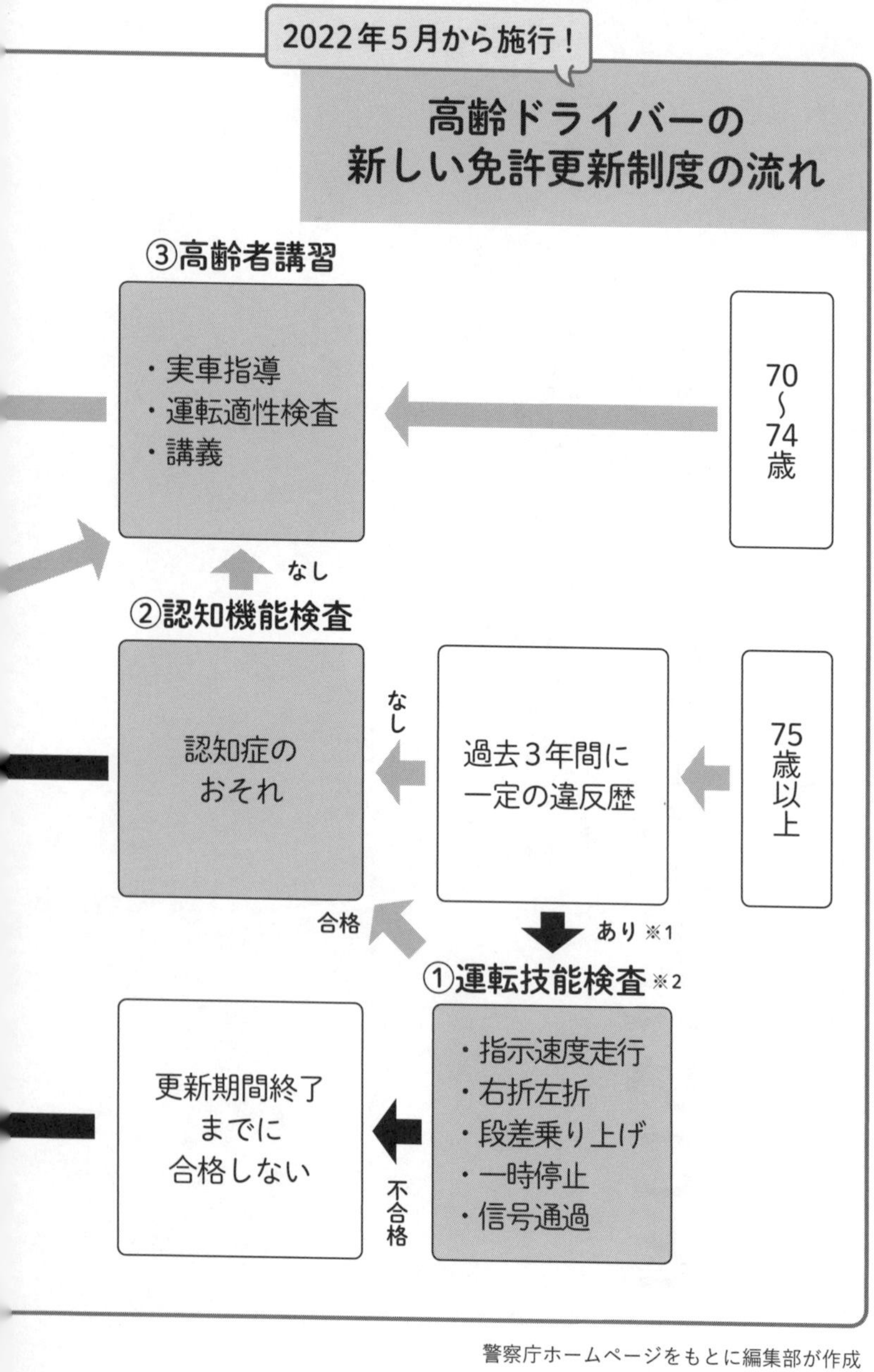

警察庁ホームページをもとに編集部が作成

※1：一定の違反として、信号無視など11類型の違反が定められています。
※2：不合格の際は再受検可能です。

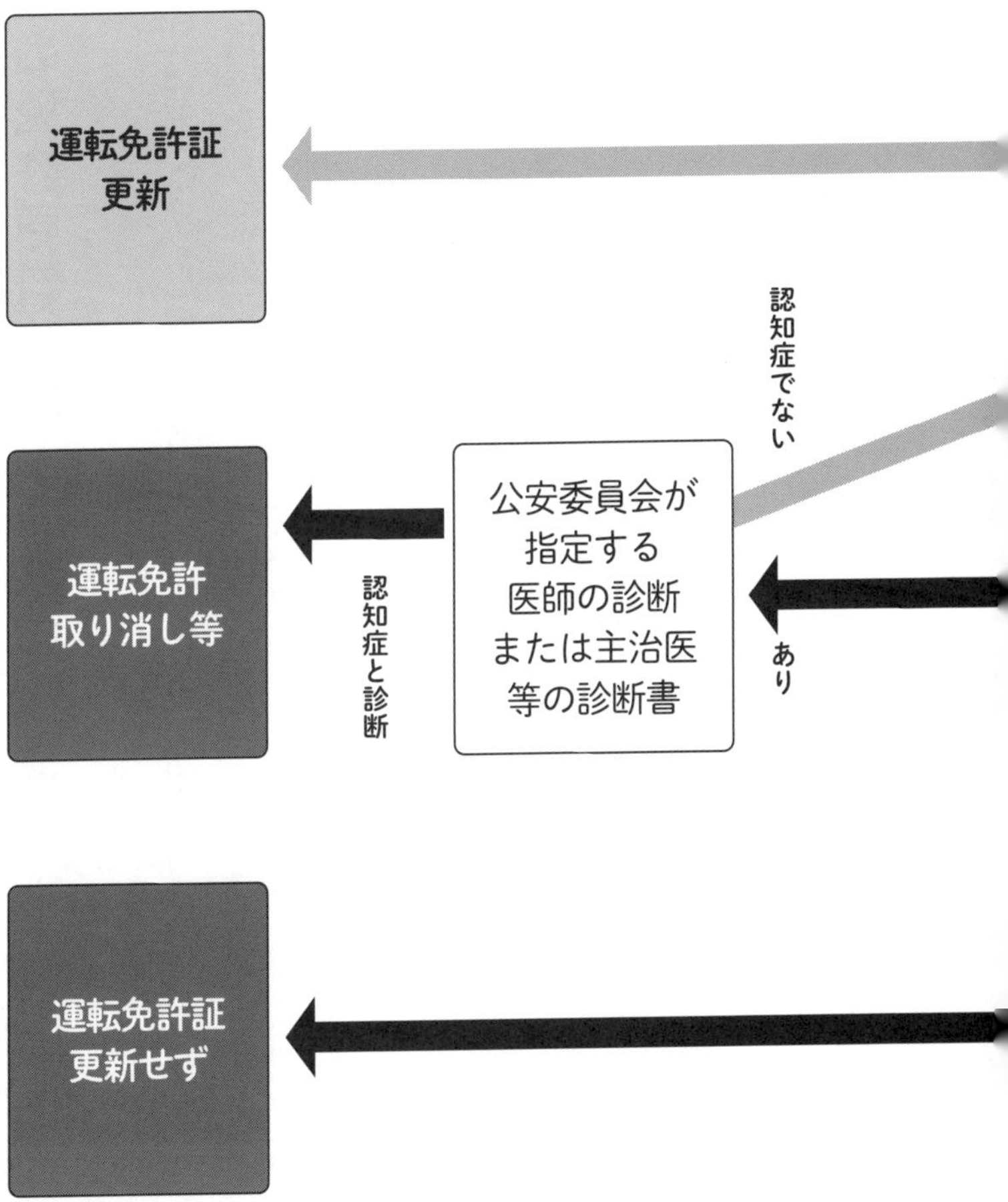

高齢者の免許更新に関する基礎知識

２０２２年5月13日から改正道路交通法が施行され、75歳以上の高齢ドライバーは運転免許証の更新方法が変更となりました。従来の制度では煩雑だった認知機能検査の内容や判定方法の簡素化が図られ、受検者だけでなく行政の無駄も削減し、よりスムーズに免許更新が行えるように改善されています。

変更点①→運転技能検査の新設

75歳以上で、過去3年間に別表で示した一定の違反歴（11類型の違反）がある方は、運転技能検査に合格しなければ、運転免許証の更新を受けることができなくなります。この運転技能検査は、更新期間満了日（誕生日の1か月後）の6か月前から受けることができ、不合格でも更新期間内であれば合格するまで何度でも再受検が可能です。

運転技能検査の対象となる 11の違反歴	
①	信号無視
②	通行区分違反
③	通行帯違反等
④	速度超過
⑤	横断等禁止違反
⑥	踏切不停止等・遮断踏切立ち入り
⑦	交差点右左折方法違反等
⑧	交差点安全進行義務違反等
⑨	横断歩行者等妨害等
⑩	安全運転義務違反
⑪	携帯電話使用等

変更点②→認知機能検査の簡素化

認知症の検査結果の判断区分が、従来の3分類（認知症のおそれ、認知機能低下のおそれ、認知機能低下のおそれなし）から2分類（認知症のおそれあり、認知症のおそれなし）に簡素化されました。また、認知機能検査の設問も減少し、今後は電子タブレットの導入にともない、筆記による記入方式からタッチパネルでの回答方式へと順次移行していきます。

第7章では実際の認知機能検査に準じた模擬テスト（手がかり再生、時間の見当識）を用意してあるので、免許更新の対策として取り組んでみましょう。

変更点③→高齢者講習の一元化

75歳以上の方は、従来であれば、認知機能検査の結果によって2時間の講習か3時間の講習のどちらかを受講しなければなりませんでした。しかし、現行法では3時間講習のうちの個人指導に充てられていた1時間がなくなり、実車指導を含めた2時間の講習に一元化されています。なお、「普通自動車を運転することができる運転免許証を保有していない方」、「運転技能検査の対象の方」は実車指導が免除され、それぞれ1時間の講習となります。

第7章

解いて準備万端！認知機能検査模擬テスト

認知機能検査模擬テストの流れ

①手がかり再生（イラストの記憶）：記憶時間は約1分×4セット

16枚の絵を、1セット4枚に分けて見せられるので、1セットを約1分、合計約4分で記憶します。絵を覚えるときは、検査員から提示されたヒントとあわせて覚えるようにしましょう。

これは手がかりをもとに短期記憶の衰えがないかを調べる検査ですが、1回目はヒントなし（自由回答）、2回目はヒントあり（手がかり回答）、この2回で回答することができます。

ただし、すぐに回答するのではなく、一定の時間経過（介入課題）を経てから、どれだけ再生できるか（＝記憶しているか）を検査します。

②介入課題：回答時間は約30秒×2問

たくさんの数字が書かれた表が出るので、指示された数字に斜線を引いていきます。これは手がかり再生の出題から回答までに一定時間を空けることが目的の検査なので、この介入課題自体に認知機能検査としての配点はありません。

③手がかり再生（自由回答）：回答時間は約3分

①で覚えた16枚の絵を、まずは手がかりなしに思い出せる限りのものを回答していきます。なお、絵の順番については思い出した順でかまいません。

④手がかり再生（手がかり回答）：回答時間は約3分

①で覚えた16枚の絵を、今度は与えられたヒントを手がかりに思い出して回答していきます。

⑤時間の見当識：回答時間は約2分

認知機能検査を実施した、年、月、日、曜日、時間を回答します。見当識とは、現在の自己および自己がおかれている状況についての認識のことをいい、時間の見当識は受験者が自らのおかれている時を正しく認識しているかについての検査です。

⑥結果判定

「認知症のおそれなし」となる判定基準は、総点数100点満点中の36点以上です。36点未満の場合は何度か模擬テストをくり返し、それでも基準点を超えられない場合は家族や医師に相談のうえ、運転免許証を自主返納することも検討しましょう。

警察庁ホームページをもとに編集部が作成

模擬テスト①

認知機能検査用紙

- まず、ご自分の名前を記入してください。ふりがなはいりません。
- ご自分の生年月日を記入してください。
- 間違えたときは二重線で訂正して書き直してください。消しゴムは使えません。

（これからの検査で間違えた場合も、同じように訂正して書き直してください）

名《な》　前《まえ》		
生年月日《せいねんがっぴ》	大正《たいしょう》 昭和《しょうわ》	年《ねん》　　月《がつ》　　日《にち》

手がかり再生（イラストの記憶）

これからいくつかの絵を見ていただきます。一度に４枚の絵が提示され、それが４回続きます。あとで何の絵があったかを、すべて答えていただきますので、よく覚えるようにしてください（１つの絵を記憶するために使える時間は約15秒）。実際には検査員から絵を覚えるためのヒントも出ますので、そのヒントを手がかりに覚えるようにしてください。

記憶時間：イラスト４枚（１セット）につき約１分＝合計約４分

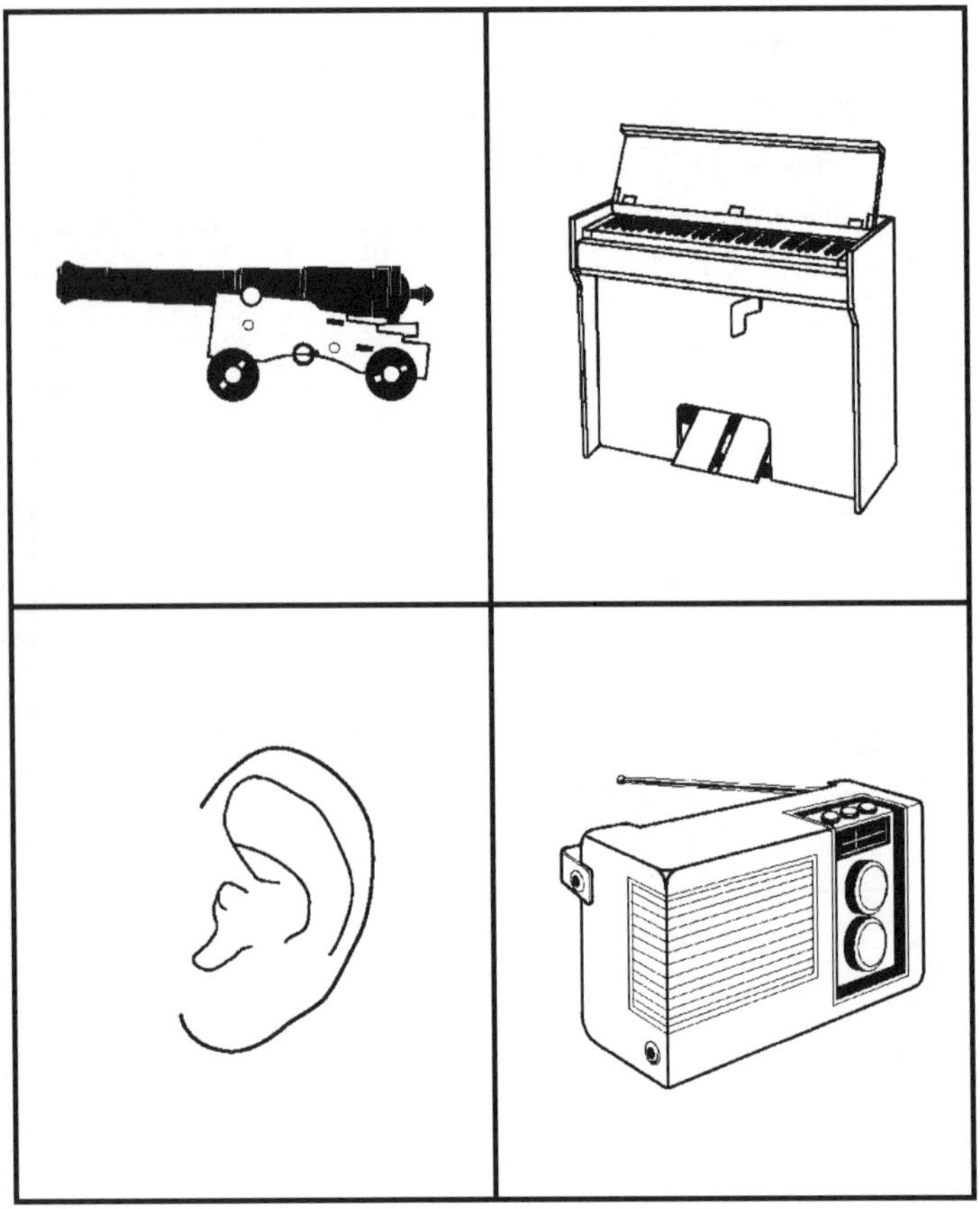

手がかり再生（イラストの記憶）

手がかり再生（イラストの記憶）

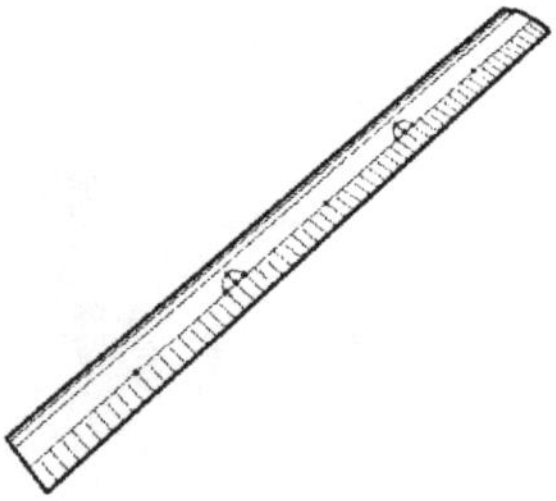

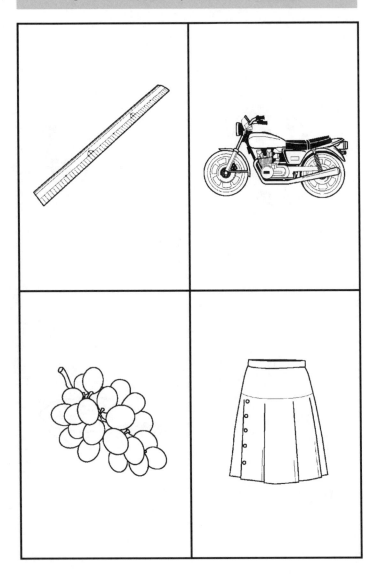

手がかり再生（イラストの記憶）

介入問題（例題）

これから、たくさんの数字が書かれた表が出ますので、指示をした数字に斜線を引いてもらいます。例えば、「1と4に斜線を引いてください」と指示したときは、

→

~~4~~	3	~~1~~	~~4~~	6	2	~~4~~	7	3	9
8	6	3	~~1~~	8	9	5	6	~~4~~	3

と例示のように一番上の左から順番に、数字を見つけただけ斜線を引いてください。

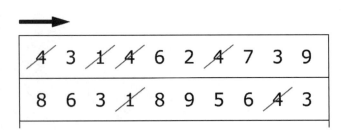

問1．介入問題（回答用紙）

まず、**「3と7」**に斜線を引いてください。

回答時間 約30秒

→

9	3	2	7	5	4	2	4	1	3
3	4	5	2	1	2	7	2	4	6
6	5	2	7	9	6	1	3	4	2
4	6	1	4	3	8	2	6	9	3
2	5	4	5	1	3	7	9	6	8
2	6	5	9	6	8	4	7	1	3
4	1	8	2	4	6	7	1	3	9
9	4	1	6	2	3	2	7	9	5
1	3	7	8	5	6	2	9	8	4
2	5	6	9	1	3	7	4	5	8

次に、同じ用紙のはじめから
「2と5と9」に斜線を引いてください。

回答時間 約30秒

問2．手がかり再生（自由回答）

258ページから261ページにかけて16枚のイラストを見ていただきました。何が描かれていたのかをよく思い出して、できるだけ全部書いてください。回答の順番は問わないので、思い出した順でかまいません。また、回答は「漢字」「ひらがな」「カタカナ」のいずれでもかまいません。

回答時間
約3分

1．	9．
2．	10.
3．	11.
4．	12.
5．	13.
6．	14.
7．	15.
8．	16.

問3．手がかり再生（手がかり回答）

今度は、回答用紙にヒントが書かれています。それを手がかりに、もう一度、何が描かれていたのかをよく思い出して、できるだけ全部書いてください。それぞれのヒントに対して、回答は1つだけです。2つ以上は書かないでください。また、回答は「漢字」「ひらがな」「カタカナ」のいずれでもかまいません。

回答時間 約3分

1．戦《たたか》いの武器《ぶき》	9．文房具《ぶんぼうぐ》
2．楽器《がっき》	10. 乗《の》り物《もの》
3．体《からだ》の一部《いちぶ》	11. 果物《くだもの》
4．電気製品《でんきせいひん》	12. 衣類《いるい》
5．昆虫《こんちゅう》	13. 鳥《とり》
6．動物《どうぶつ》	14. 花《はな》
7．野菜《やさい》	15. 大工道具《だいくどうぐ》
8．台所用品《だいどころようひん》	16. 家具《かぐ》

問4．時間の見当識

この検査には５つの質問があります。左側に質問が書かれていますので、それぞれの質問に対する答えを右側の回答欄に記入してください。よくわからない場合でも、できるだけ何らかの答えを記入し、空欄とならないようにしてください。

回答時間
約2分

＊補足＊

・「何年《なんねん》」と聞かれる質問がありますが、これは「なにどし」ではありません。干支で回答しないようにしてください。
・「何年《なんねん》」の回答は、西暦で書いても、和暦で書いてもかまいません。和暦とは、元号を用いた言い方のことです。

質《しつ》　問《もん》	回《かい》　答《とう》
今年《ことし》は何年《なんねん》ですか？	年《ねん》
今月《こんげつ》は何月《なんがつ》ですか？	月《がつ》
今日《きょう》は何日《なんにち》ですか？	日《にち》
今日《きょう》は何曜日《なんようび》ですか？	曜日《ようび》
今《いま》は何時《なんじ》何分《なんぷん》ですか？	時《じ》　分《ふん》

採点方法

問2および問3：手がかり再生【最大32点】

自由回答（問2）および手がかり回答（問3）の両方とも正答	2点
自由回答（問2）のみ正答	2点
手がかり回答（問3）のみ正答	1点

＊採点基準＊

・自由回答（問2）：回答の順序は問われません。
・手がかり回答（問3）：１つのヒントに２つ以上の回答をしている場合は誤答とする。
⇒ 例. 「果物」に対して、「メロン、りんご」などの複数回答。
・手がかり回答（問3）：回答の順序は問われません。また、与えられたヒントに対応していない場合であっても、正しく回答されていれば正答とします。
⇒ 例. ヒントである「野菜」の欄に、果物の正答を記入している。
・正答となる言葉を言い換えた場合は正答とする。
⇒ 例. 方言、外国語、通称名（一般的にその物を示す商品名、製造社名、品種）
・示したイラストと類似しているものを回答した場合は正答とする。
・回答した言葉に誤字・脱字があった場合は正答とする。

問4．時間の見当識【最大15点】

＊採点基準＊

年	5点
月	4点
日	3点
曜日	2点
時間	1点

・西暦、和暦のいずれでもかまわないが、和暦の場合において、検査時の元号以外の元号を用いた場合には誤答とする。
・現在の年を過去の元号に置き換えた場合（例. 令和６年を平成36年）は、正しい元号を記載していないため、誤答とする。
・西歴「2024年」と回答する意図で「24年」と省略したと認められる場合においては、正答とする。
・時間の回答において、「鉛筆（タッチペン）を持って始めてください」と言った時刻を「検査時刻」とし、それと前後30分以上ずれる場合は誤答とする。また、「午前」および「午後」の記載の有無は問わない。
・回答が空欄の場合は誤答とする。

総合点の算出方法

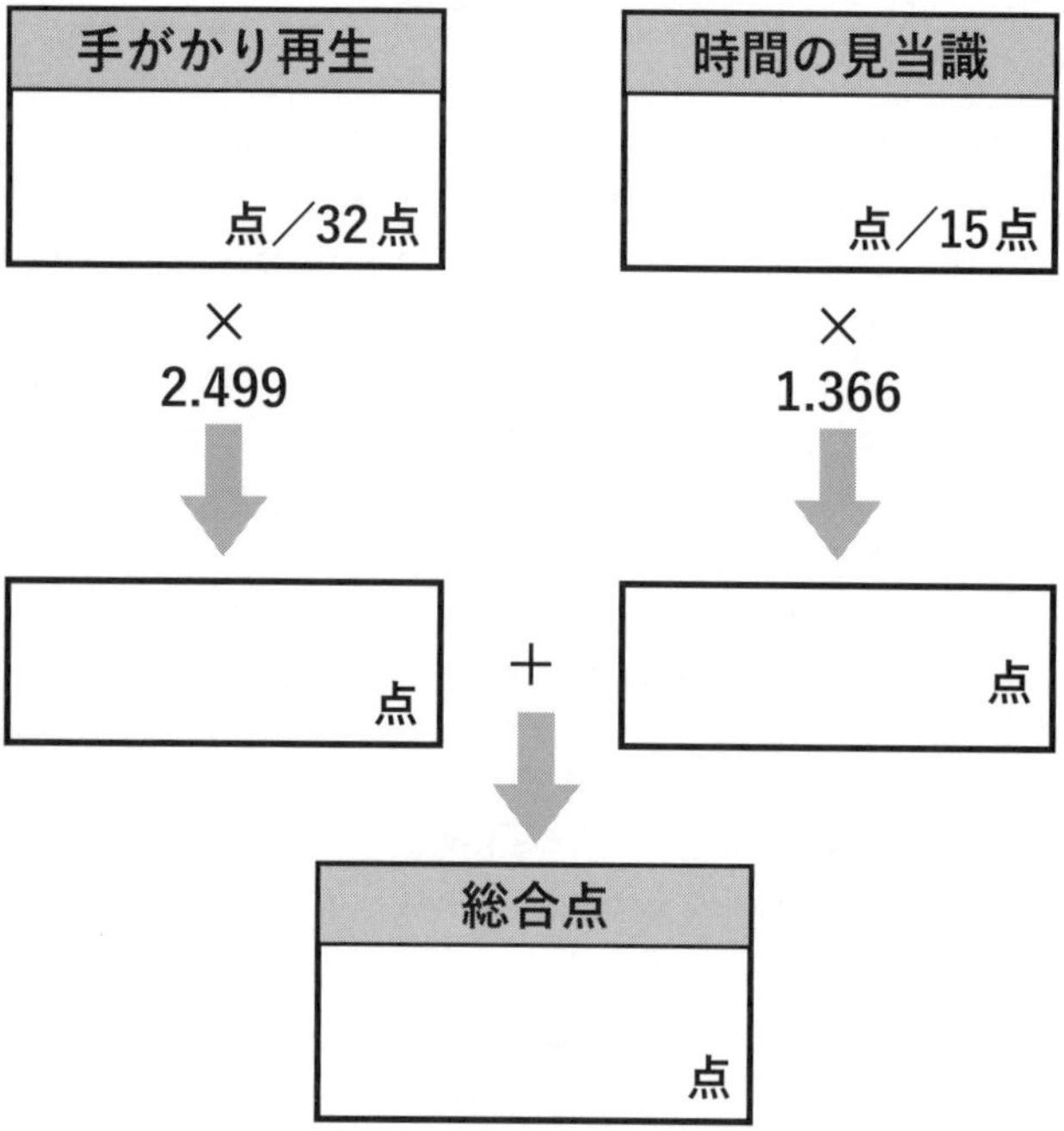

総合点が……

36点未満：認知症のおそれ**あり**

36点以上：認知症のおそれ**なし**

模擬テスト②

認知機能検査用紙

- まず、ご自分の名前を記入してください。ふりがなはいりません。
- ご自分の生年月日を記入してください。
- 間違えたときは二重線で訂正して書き直してください。消しゴムは使えません。

（これからの検査で間違えた場合も、同じように訂正して書き直してください）

名《な》 前《まえ》		
生年月日《せいねんがっぴ》	大正《たいしょう》 昭和《しょうわ》	年《ねん》　月《がつ》　日《にち》

手がかり再生（イラストの記憶）

これからいくつかの絵を見ていただきます。一度に４枚の絵が提示され、それが４回続きます。あとで何の絵があったかを、すべて答えていただきますので、よく覚えるようにしてください（１つの絵を記憶するために使える時間は約15秒）。実際には検査員から絵を覚えるためのヒントも出ますので、そのヒントを手がかりに覚えるようにしてください。

記憶時間：イラスト４枚（１セット）につき約１分＝合計約４分

手がかり再生（イラストの記憶）

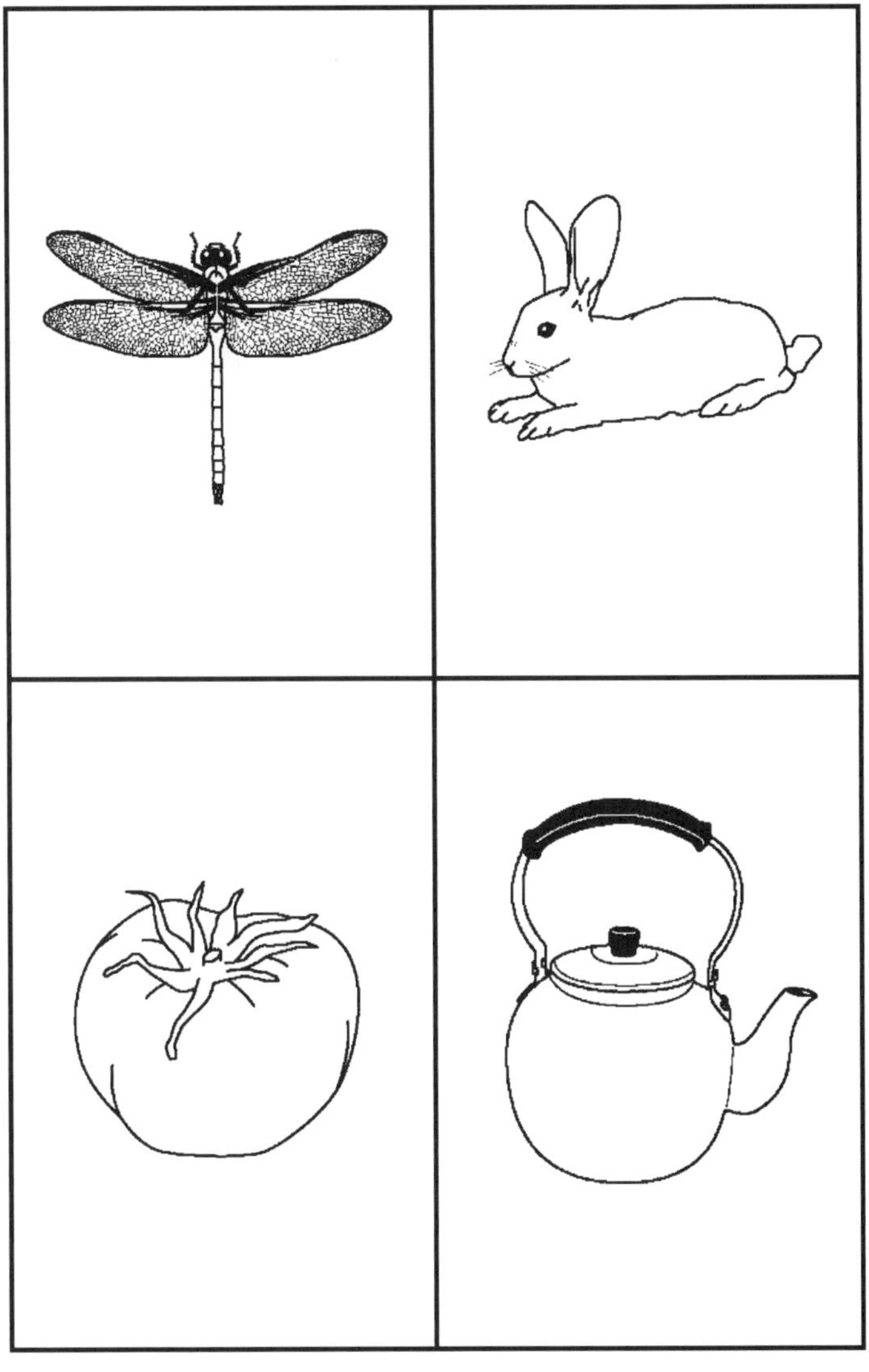

手がかり再生（イラストの記憶）

手がかり再生（イラストの記憶）

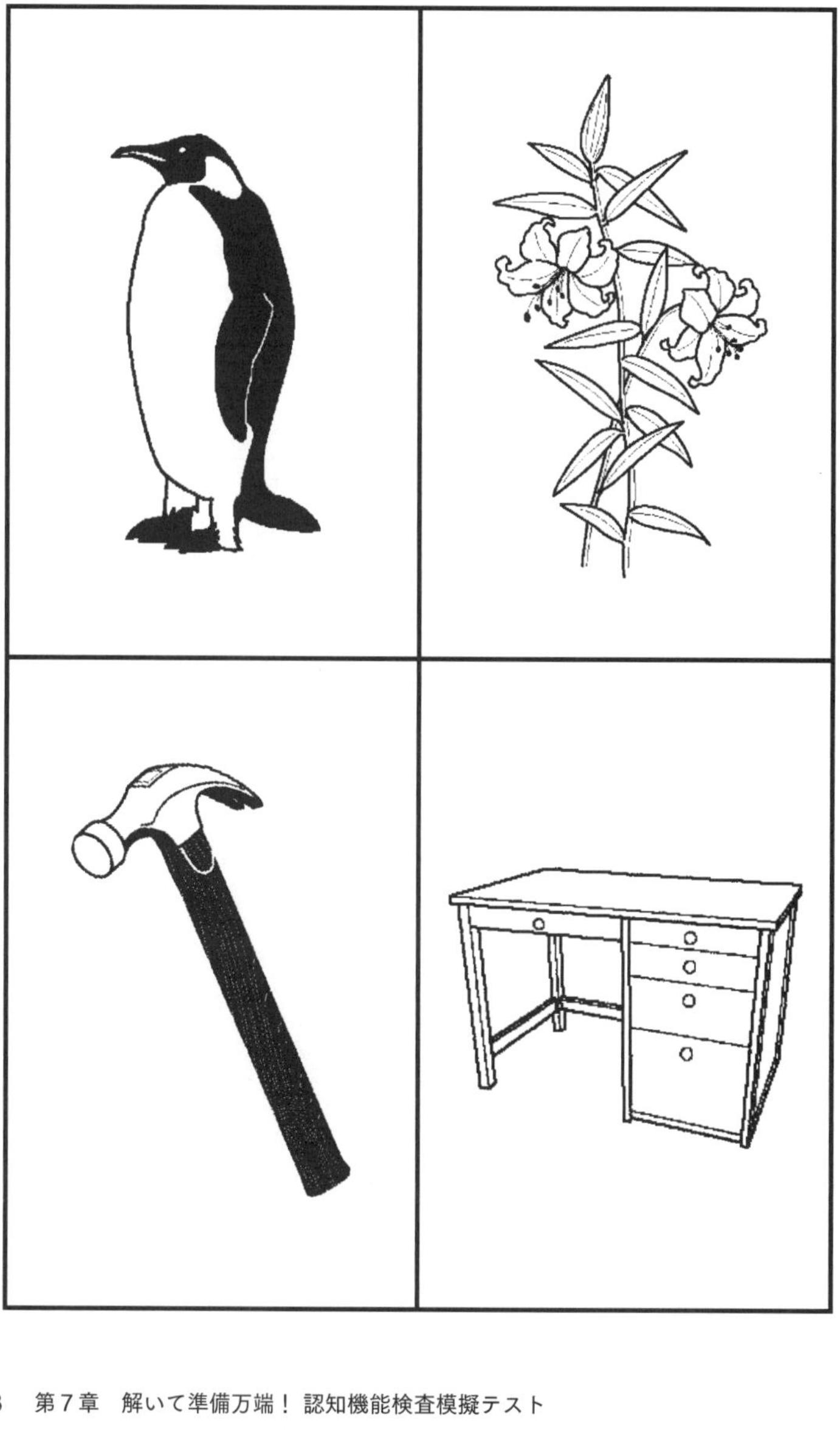

介入問題（例題）

これから、たくさんの数字が書かれた表が出ますので、指示をした数字に斜線を引いてもらいます。例えば、「1と4に斜線を引いてください」と指示したときは、

~~4~~	3	~~1~~	~~4~~	6	2	~~4~~	7	3	9
8	6	3	~~1~~	8	9	5	6	~~4~~	3

と例示のように一番上の左から順番に、数字を見つけただけ斜線を引いてください。

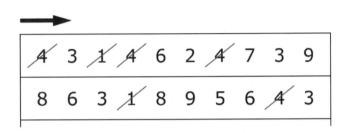

問1．介入問題（回答用紙）

まず、**「1と8」**に斜線を引いてください。

回答時間 約30秒

→

9	3	2	7	5	4	2	4	1	3
3	4	5	2	1	2	7	2	4	6
6	5	2	7	9	6	1	3	4	2
4	6	1	4	3	8	2	6	9	3
2	5	4	5	1	3	7	9	6	8
2	6	5	9	6	8	4	7	1	3
4	1	8	2	4	6	7	1	3	9
9	4	1	6	2	3	2	7	9	5
1	3	7	8	5	6	2	9	8	4
2	5	6	9	1	3	7	4	5	8

次に、同じ用紙のはじめから
「3と5と7」に斜線を引いてください。

回答時間 約30秒

問2. 手がかり再生（自由回答）

270ページから273ページにかけて16枚のイラストを見ていただきました。何が描かれていたのかをよく思い出して、できるだけ全部書いてください。回答の順番は問わないので、思い出した順でかまいません。また、回答は「漢字」「ひらがな」「カタカナ」のいずれでもかまいません。

回答時間
約3分

1.	9.
2.	10.
3.	11.
4.	12.
5.	13.
6.	14.
7.	15.
8.	16.

問3．手がかり再生（手がかり回答）

今度は、回答用紙にヒントが書かれています。それを手がかりに、もう一度、何が描かれていたのかをよく思い出して、できるだけ全部書いてください。それぞれのヒントに対して、回答は1つだけです。2つ以上は書かないでください。また、回答は「漢字」「ひらがな」「カタカナ」のいずれでもかまいません。

回答時間 約3分

1．戦《たたか》いの武器《ぶき》	9．文房具《ぶんぼうぐ》
2．楽器《がっき》	10. 乗《の》り物《もの》
3．体《からだ》の一部《いちぶ》	11. 果物《くだもの》
4．電気製品《でんきせいひん》	12. 衣類《いるい》
5．昆 虫《こんちゅう》	13. 鳥《とり》
6．動物《どうぶつ》	14. 花《はな》
7．野菜《やさい》	15. 大工道具《だいくどうぐ》
8．台 所 用品《だいどころようひん》	16. 家具《かぐ》

問4．時間の見当識

この検査には５つの質問があります。左側に質問が書かれていますので、それぞれの質問に対する答えを右側の回答欄に記入してください。よくわからない場合でも、できるだけ何らかの答えを記入し、空欄とならないようにしてください。

回答時間 約2分

＊補足＊

・「何年《なんねん》」と聞かれる質問がありますが、これは「なにどし」ではありません。干支で回答しないようにしてください。
・「何年《なんねん》」の回答は、西暦で書いても、和暦で書いてもかまいません。和暦とは、元号を用いた言い方のことです。

質《しつ》　問《もん》	回《かい》　答《とう》
今年《ことし》は何年《なんねん》ですか？	年《ねん》
今月《こんげつ》は何月《なんがつ》ですか？	月《がつ》
今日《きょう》は何日《なんにち》ですか？	日《にち》
今日《きょう》は何曜日《なんようび》ですか？	曜日《ようび》
今《いま》は何時《なんじ》何分《なんふん》ですか？	時《じ》　分《ふん》

模擬テスト③

認知機能検査用紙

- まず、ご自分の名前を記入してください。ふりがなはいりません。
- ご自分の生年月日を記入してください。
- 間違えたときは二重線で訂正して書き直してください。消しゴムは使えません。

（これからの検査で間違えた場合も、同じように訂正して書き直してください）

名《な》　前《まえ》	
生年月日《せいねんがっぴ》	大正《たいしょう》 昭和《しょうわ》　　年《ねん》　　月《がつ》　　日《にち》

手がかり再生（イラストの記憶）

これからいくつかの絵を見ていただきます。一度に４枚の絵が提示され、それが4回続きます。あとで何の絵があったかを、すべて答えていただきますので、よく覚えるようにしてください（１つの絵を記憶するために使える時間は約15秒）。実際には検査員から絵を覚えるためのヒントも出ますので、そのヒントを手がかりに覚えるようにしてください。

記憶時間：イラスト４枚（１セット）につき約１分＝合計約４分

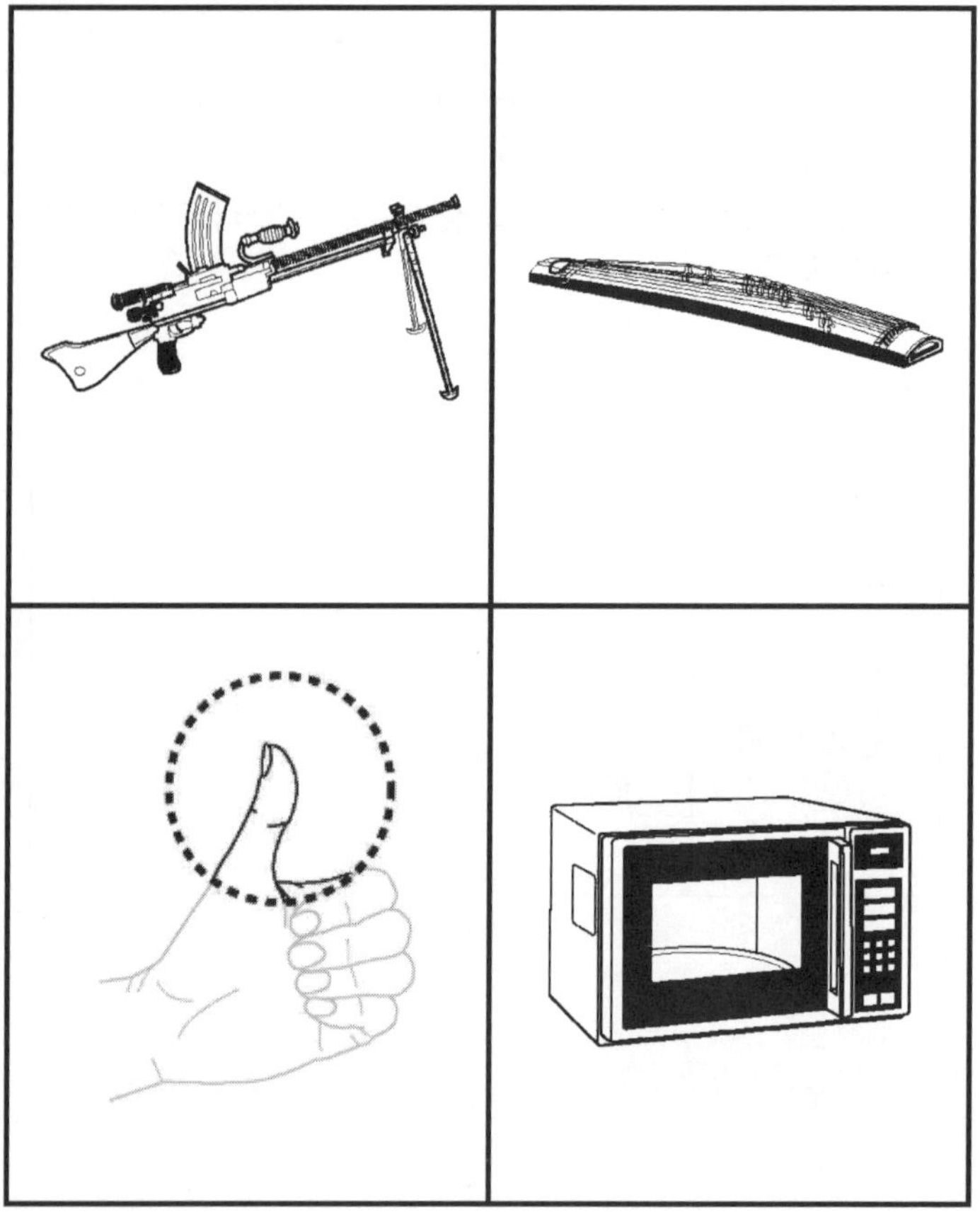

手がかり再生（イラストの記憶）

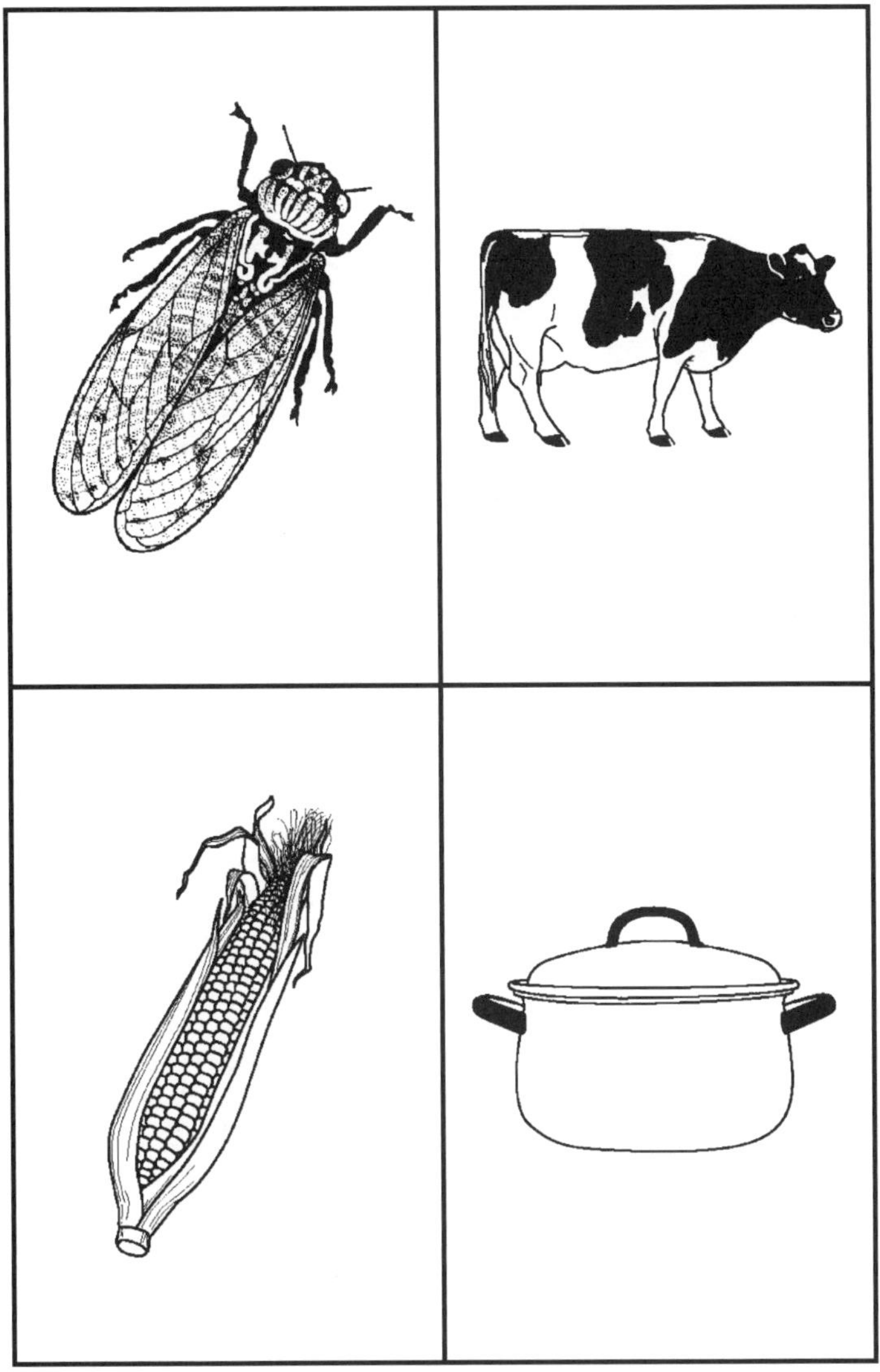

手がかり再生（イラストの記憶）

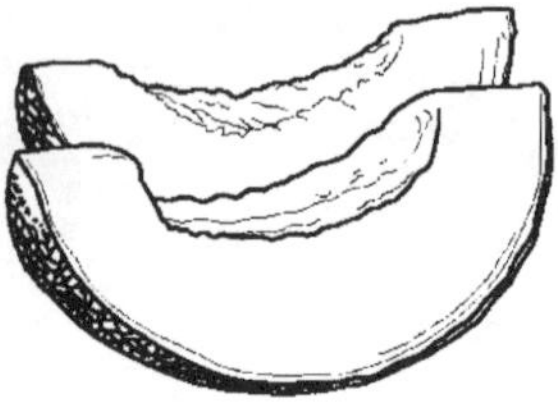

手がかり再生（イラストの記憶）

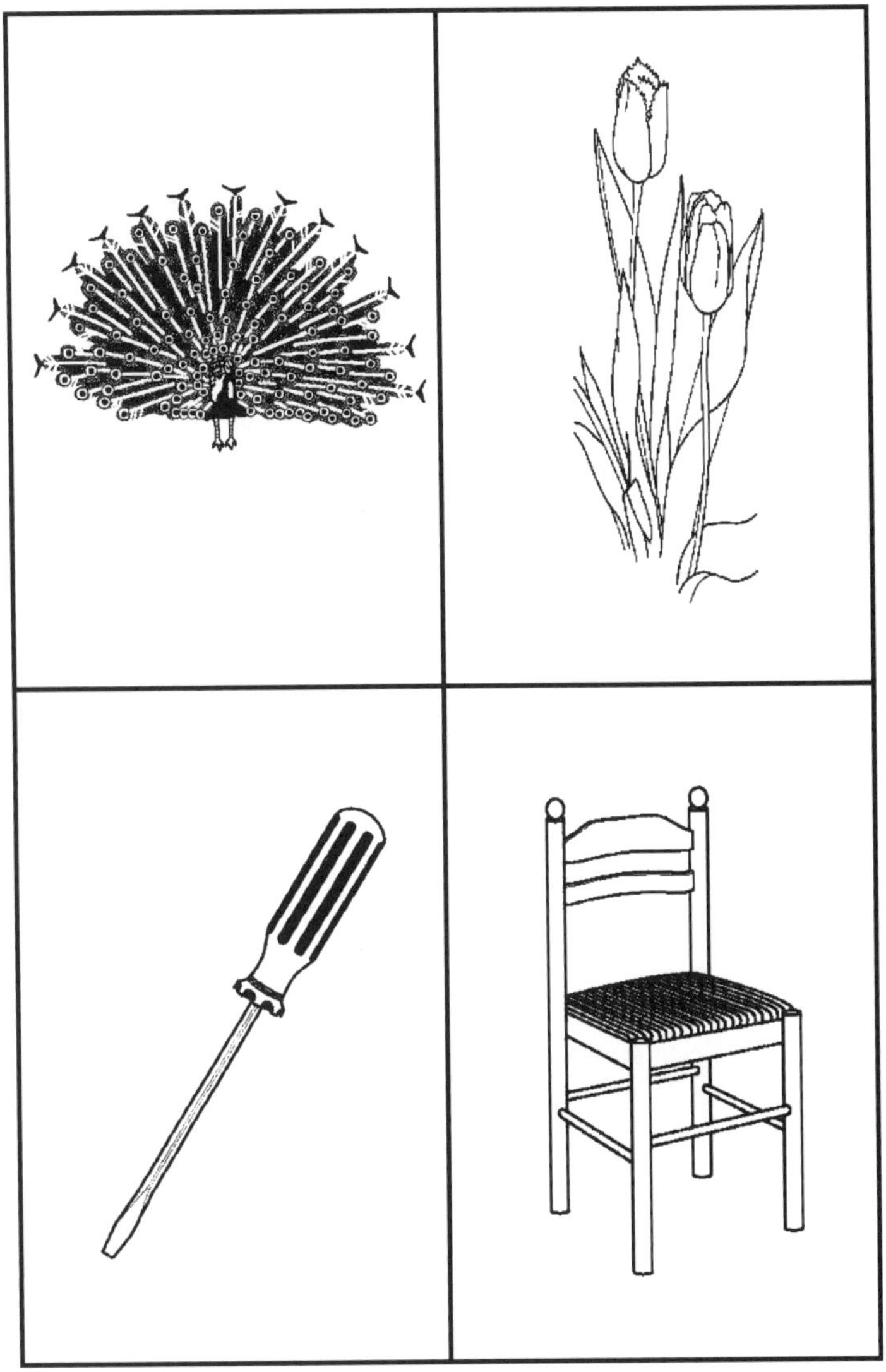

介入問題（例題）

これから、たくさんの数字が書かれた表が出ますので、指示をした数字に斜線を引いてもらいます。例えば、「1と4に斜線を引いてください」と指示したときは、

~~4~~	3	~~1~~	~~4~~	6	2	~~4~~	7	3	9
8	6	3	~~1~~	8	9	5	6	~~4~~	3

と例示のように一番上の左から順番に、数字を見つけただけ斜線を引いてください。

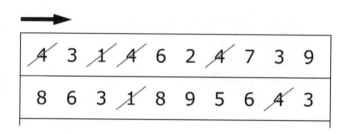

問1．介入問題（回答用紙）

まず、「4と9」に斜線を引いてください。

回答時間
約30秒

→

9	3	2	7	5	4	2	4	1	3
3	4	5	2	1	2	7	2	4	6
6	5	2	7	9	6	1	3	4	2
4	6	1	4	3	8	2	6	9	3
2	5	4	5	1	3	7	9	6	8
2	6	5	9	6	8	4	7	1	3
4	1	8	2	4	6	7	1	3	9
9	4	1	6	2	3	2	7	9	5
1	3	7	8	5	6	2	9	8	4
2	5	6	9	1	3	7	4	5	8

次に、同じ用紙のはじめから
「1と6と8」に斜線を引いてください。

回答時間
約30秒

問2．手がかり再生（自由回答）

280ページから283ページにかけて16枚のイラストを見ていただきました。何が描かれていたのかをよく思い出して、できるだけ全部書いてください。回答の順番は問わないので、思い出した順でかまいません。また、回答は「漢字」「ひらがな」「カタカナ」のいずれでもかまいません。

回答時間
約3分

1．	9．
2．	10．
3．	11．
4．	12．
5．	13．
6．	14．
7．	15．
8．	16．

問3．手がかり再生（手がかり回答）

今度は、回答用紙にヒントが書かれています。それを手がかりに、もう一度、何が描かれていたのかをよく思い出して、できるだけ全部書いてください。それぞれのヒントに対して、回答は1つだけです。2つ以上は書かないでください。また、回答は「漢字」「ひらがな」「カタカナ」のいずれでもかまいません。

回答時間 約3分

1．戦《たたか》いの武器《ぶき》	9．文房具《ぶんぼうぐ》
2．楽器《がっき》	10. 乗《の》り物《もの》
3．体《からだ》の一部《いちぶ》	11. 果物《くだもの》
4．電気製品《でんきせいひん》	12. 衣類《いるい》
5．昆虫《こんちゅう》	13. 鳥《とり》
6．動物《どうぶつ》	14. 花《はな》
7．野菜《やさい》	15. 大工道具《だいくどうぐ》
8．台所用品《だいどころようひん》	16. 家具《かぐ》

問4．時間の見当識

この検査には5つの質問があります。左側に質問が書かれていますので、それぞれの質問に対する答えを右側の回答欄に記入してください。よくわからない場合でも、できるだけ何らかの答えを記入し、空欄とならないようにしてください。

回答時間
約2分

＊補足＊

・「何年《なんねん》」と聞かれる質問がありますが、これは「なにどし」ではありません。干支で回答しないようにしてください。
・「何年《なんねん》」の回答は、西暦で書いても、和暦で書いてもかまいません。和暦とは、元号を用いた言い方のことです。

質問《しつもん》	回答《かいとう》
今年《ことし》は何年《なんねん》ですか？	年《ねん》
今月《こんげつ》は何月《なんがつ》ですか？	月《がつ》
今日《きょう》は何日《なんにち》ですか？	日《にち》
今日《きょう》は何曜日《なんようび》ですか？	曜日《ようび》
今《いま》は何時《なんじ》何分《なんふん》ですか？	時《じ》　分《ふん》

模擬テスト④

認知機能検査用紙

- まず、ご自分の名前を記入してください。ふりがなはいりません。
- ご自分の生年月日を記入してください。
- 間違えたときは二重線で訂正して書き直してください。消しゴムは使えません。

（これからの検査で間違えた場合も、同じように訂正して書き直してください）

名《な》　前《まえ》		
生年月日《せいねんがっぴ》	大正《たいしょう》 昭和《しょうわ》	年《ねん》　月《がつ》　日《にち》

手がかり再生（イラストの記憶）

これからいくつかの絵を見ていただきます。一度に４枚の絵が提示され、それが４回続きます。あとで何の絵があったかを、すべて答えていただきますので、よく覚えるようにしてください（１つの絵を記憶するために使える時間は約15秒）。実際には検査員から絵を覚えるためのヒントも出ますので、そのヒントを手がかりに覚えるようにしてください。

記憶時間：イラスト４枚（１セット）につき約１分＝合計約４分

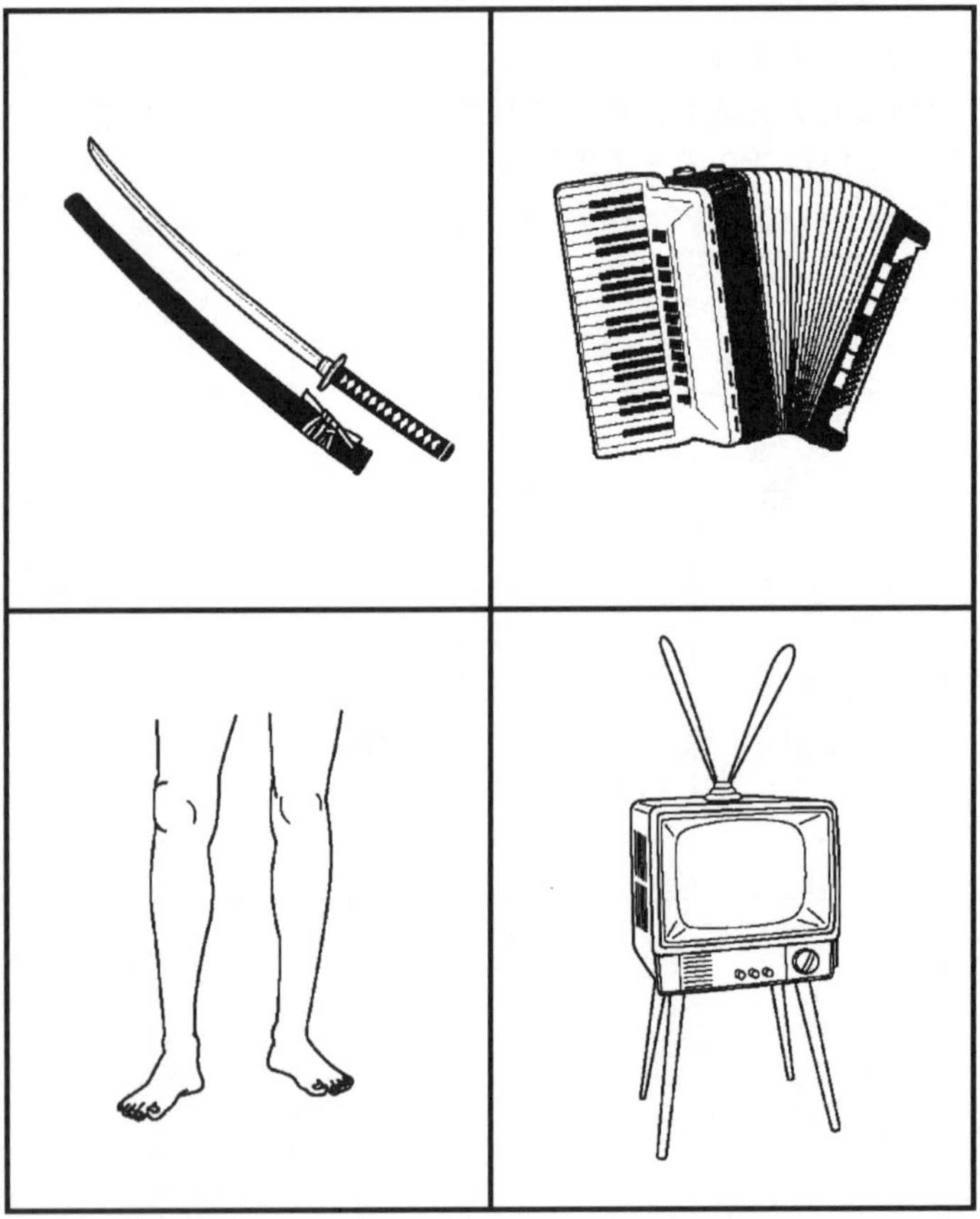

手がかり再生（イラストの記憶）

手がかり再生（イラストの記憶）

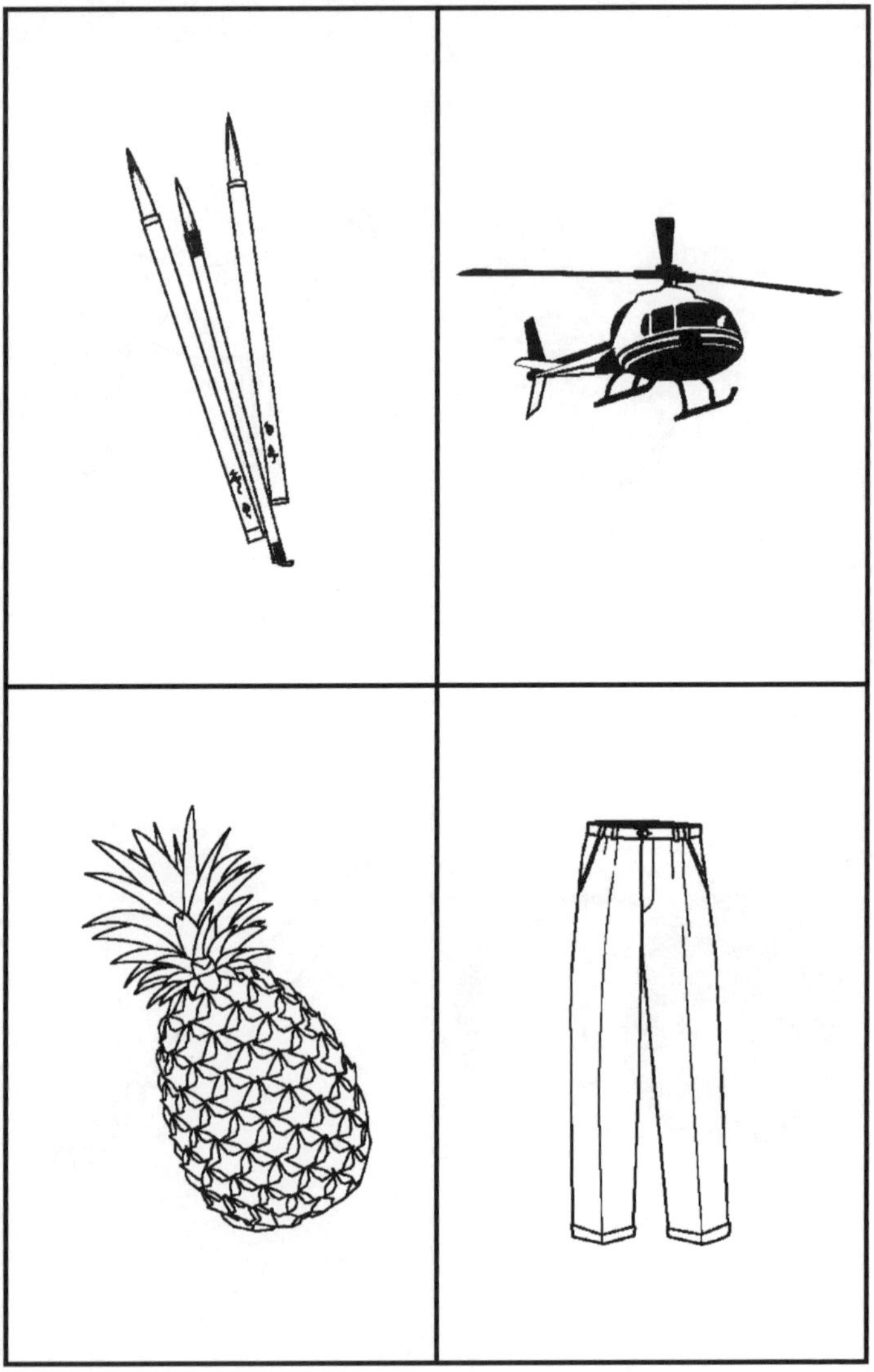

手がかり再生（イラストの記憶）

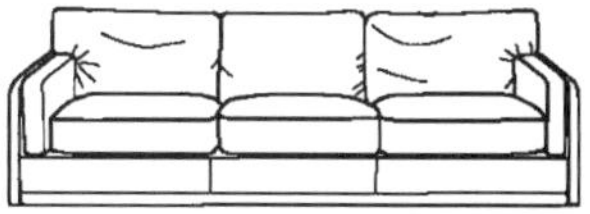

介入問題（例題）

これから、たくさんの数字が書かれた表が出ますので、指示をした数字に斜線を引いてもらいます。例えば、「1と4に斜線を引いてください」と指示したときは、

→

~~4~~	3	~~1~~	~~4~~	6	2	~~4~~	7	3	9
8	6	3	~~1~~	8	9	5	6	~~4~~	3

と例示のように一番上の左から順番に、数字を見つけただけ斜線を引いてください。

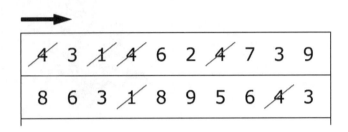

問1．介入問題（回答用紙）

まず、「2と5」に斜線を引いてください。

回答時間 約30秒

9	3	2	7	5	4	2	4	1	3
3	4	5	2	1	2	7	2	4	6
6	5	2	7	9	6	1	3	4	2
4	6	1	4	3	8	2	6	9	3
2	5	4	5	1	3	7	9	6	8
2	6	5	9	6	8	4	7	1	3
4	1	8	2	4	6	7	1	3	9
9	4	1	6	2	3	2	7	9	5
1	3	7	8	5	6	2	9	8	4
2	5	6	9	1	3	7	4	5	8

次に、同じ用紙のはじめから
「4と6と7」に斜線を引いてください。

回答時間 約30秒

問2．手がかり再生（自由回答）

290ページから293ページにかけて16枚のイラストを見ていただきました。何が描かれていたのかをよく思い出して、できるだけ全部書いてください。回答の順番は問わないので、思い出した順でかまいません。また、回答は「漢字」「ひらがな」「カタカナ」のいずれでもかまいません。

回答時間
約3分

1.	9.
2.	10.
3.	11.
4.	12.
5.	13.
6.	14.
7.	15.
8.	16.

問3．手がかり再生（手がかり回答）

今度は、回答用紙にヒントが書かれています。それを手がかりに、もう一度、何が描かれていたのかをよく思い出して、できるだけ全部書いてください。それぞれのヒントに対して、回答は1つだけです。2つ以上は書かないでください。また、回答は「漢字」「ひらがな」「カタカナ」のいずれでもかまいません。

回答時間 約3分

1．戦《たたか》いの武器《ぶき》	9．文房具《ぶんぼうぐ》
2．楽器《がっき》	10．乗《の》り物《もの》
3．体《からだ》の一部《いちぶ》	11．果物《くだもの》
4．電気製品《でんきせいひん》	12．衣類《いるい》
5．昆虫《こんちゅう》	13．鳥《とり》
6．動物《どうぶつ》	14．花《はな》
7．野菜《やさい》	15．大工道具《だいくどうぐ》
8．台所用品《だいどころようひん》	16．家具《かぐ》

問4．時間の見当識

この検査には５つの質問があります。左側に質問が書かれていますので、それぞれの質問に対する答えを右側の回答欄に記入してください。よくわからない場合でも、できるだけ何らかの答えを記入し、空欄とならないようにしてください。

回答時間 約2分

＊補足＊

・「何年《なんねん》」と聞かれる質問がありますが、これは「なにどし」ではありません。干支で回答しないようにしてください。
・「何年《なんねん》」の回答は、西暦で書いても、和暦で書いてもかまいません。和暦とは、元号を用いた言い方のことです。

質《しつ》　問《もん》	回《かい》　答《とう》
今年《ことし》は何年《なんねん》ですか？	年《ねん》
今月《こんげつ》は何月《なんがつ》ですか？	月《がつ》
今日《きょう》は何日《なんにち》ですか？	日《にち》
今日《きょう》は何曜日《なんようび》ですか？	曜日《ようび》
今《いま》は何時《なんじ》何分《なんふん》ですか？	時《じ》　分《ふん》

お疲れさま！
くり返しテストしましょう

おわりに

２０２３年に、日本の総人口における65歳以上の高齢者の割合が29％を超え、過去最高の水準に達しました。75歳以上人口が初めて２０００万人に達し、10人に１人が80歳以上に……。

日本は「超」を越えた〝ウルトラ高齢社会〟に突入したのです。

ウルトラ高齢社会とは、ドライバーの極端な高齢化とも同義です。

すでに地方部では電車の廃路線が進んでおり、都市部でもバス路線の便減少や路線統合が始まっています。

また、タクシーもドライバー不足、台数減が加速し、その在り方も問題になっています。

このように、高齢者の「移動の自由」が、どんどん奪われつつあります。これは言わずもがな、高齢者でも免許を手放すことが許されない社会になっているということです。

全国津々浦々、どこに住んでいたとしても、この問題に無関係な人はひとりもいません。


免許更新時の認知機能検査の導入と、免許返納の風潮の高まりによって、認知症ドライバー問題はおおよその解決には至りました。

しかし、認知症ではない高齢ドライバーの事故問題はまだ残っています。高齢者からむやみに免許を奪うことは推奨できない一方で、事故も減らしていかなければならない——今はその対策が求められています。


そこに焦点をあてたのがこの本です。

「運転脳体操」をはじめとする数々のメソッドをみなさんにご提案し、とるべき対策をアドバイスしてきました。

そして実際の医療現場では、全国初の「自動車運転外来」を開設し、脳ドックプラスで健康起因の事故減少を目指しています。

願いは、高齢ドライバー（もちろん、それ以外のすべてのドライバーについてもそうですが）による交通事故をひとつでも多く減らすこと。そのための努力は惜しみません。


この本は高齢ドライバーの安全運転を実現させるための一冊ですが、それにとどまらず、健康長寿そのものを目指していただきたいという思いも込めていることは、本編で述べたとおりです。

自動車の運転は、ものすごく高度な行為であり、認知症予防のトレーニングを同時に行っていることになります。

つまり、安全に運転できるということは、生活にも支障がないということの証明になるのです。

運転脳体操のほか、この本で紹介したメソッドをうまく生活に取り入れれば、人間らしく、幸せに、長生きする可能性を高められます。

やらない手はないですし、今からでも遅くはありません。

この本を閉じた瞬間から、みなさんがすべきことは、もう決まっていますね。

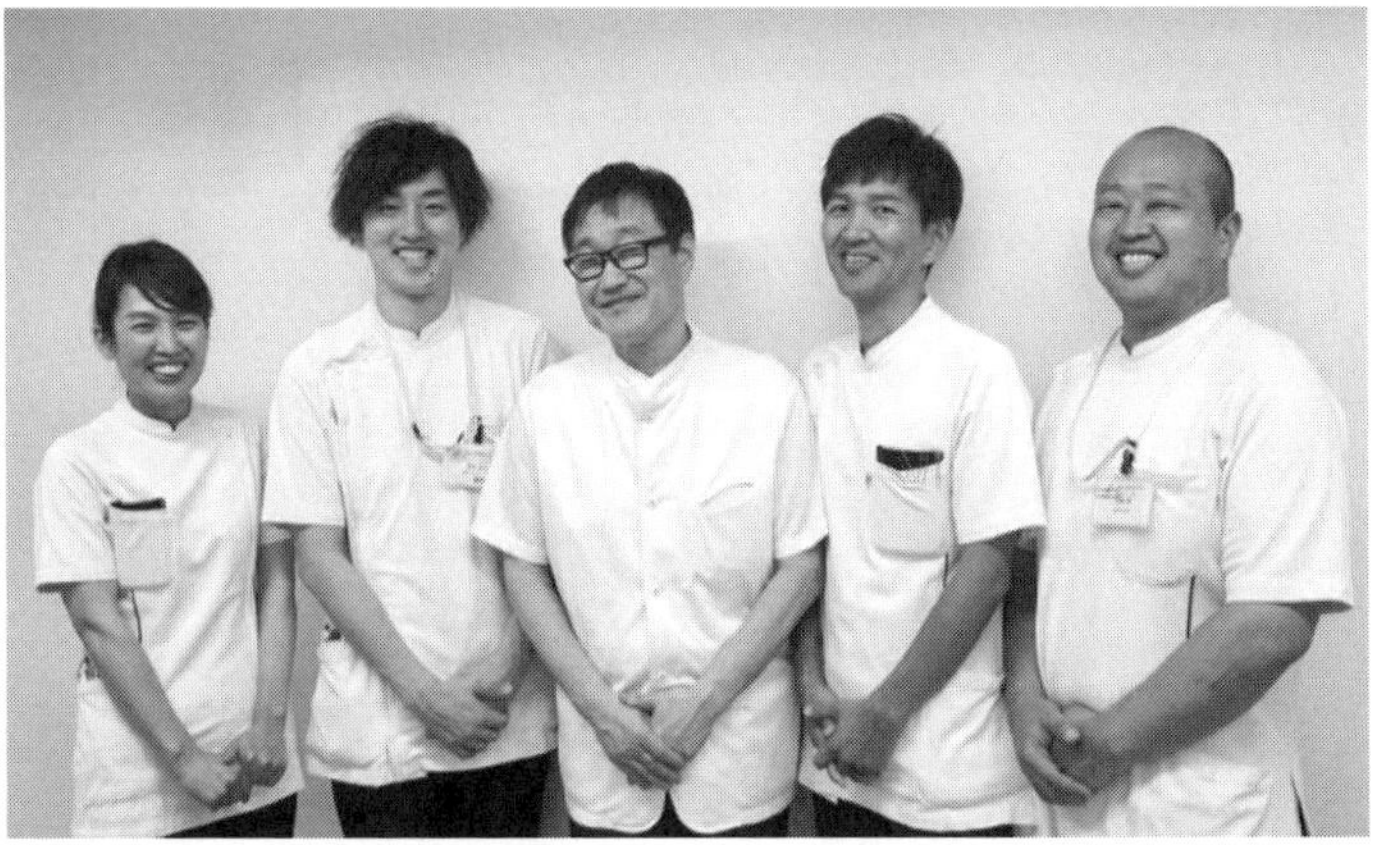

私ひとりの力で問題は解決できません。自動車運転外来を受け持つ、理学療法士、作業療法士の仲間たちと協力し合いながら、高齢ドライバーの事故を減らすための取り組みに日々励んでいます。自動車運転外来チームは、左から、沖田かおる、鎌倉航平、著者、沖田学、佐藤誠（敬称略）。

75歳を越えても安全運転できる運転脳を鍛える本

発行日　2024年3月12日　第1刷

著者　　朴 啓彰

本書プロジェクトチーム
編集統括　柿内尚文
編集担当　小林英史
編集協力　岡田大、新谷和寛、愛宕病院（佐藤誠、沖田学）
カバーイラスト　なかきはらあきこ
本文イラスト　石玉サコ
カバーデザイン　大場君人
本文デザイン　菊池崇、櫻井淳志、狩野智生（ドットスタジオ）
校正　植嶋朝子

営業統括　丸山敏生
営業推進　増尾友裕、綱脇愛、桐山敦子、相澤いづみ、寺内未来子
販売促進　池田孝一郎、石井耕平、熊切絵理、菊山清佳、山口瑞穂、吉村寿美子、矢橋寛子、遠藤真知子、森田真紀、氏家和佳子
プロモーション　山田美恵
講演・マネジメント事業　斎藤和佳、志水公美

編集　栗田亘、村上芳子、大住兼正、菊地貴広、山田吉之、大西志帆、福田麻衣
メディア開発　池田剛、中山景、中村悟志、長野太介、入江翔子
管理部　早坂裕子、生越こずえ、本間美咲
発行人　坂下毅

発行所　株式会社アスコム

〒105-0003
東京都港区西新橋2-23-1　3東洋海事ビル
編集局　TEL：03-5425-6627
営業局　TEL：03-5425-6626　FAX：03-5425-6770

印刷・製本　株式会社光邦

Printed in Japan ISBN 978-4-7762-1334-5